国家规模 和经济增长译丛

COUNTRY SIZE, GROWTH AND
THE ECONOMIC AND MONETARY UNION

Olfa Alouini

国家规模、
增长和货币联盟

［法］奥尔法·阿卢伊尼◎著

汤凌霄　陈彬　欧阳峣　欧阳曜亚◎译

格致出版社　　上海人民出版社

主编的话

社会科学的现实形态，往往是人类认识史上各种理论和知识融通生成的结果。为了挖掘国际学界研究国家规模及其经济影响的成果，系统梳理这个主题的理论发展脉络，以前人的理论智慧启迪今后继续深化研究的方向，我们组织翻译出版这套"国家规模和经济增长译丛"。

这个领域的研究文献极为稀缺。2012年春天，我在斯坦福大学图书馆发现1957年国际经济协会海牙会议的论文集《国家规模的经济影响》，这部由罗滨逊教授主编的文集应该是直接研究国家规模和经济增长的最早文献。2017年春天，我在牛津大学图书馆发现阿莱西纳教授和斯波劳雷教授所著的《国家的规模》以及德国洪堡大学阿卢伊尼的博士学位论文《国家规模、增长和货币联盟》，这两篇文献代表了21世纪初期国际学界的研究水平。2018年夏天，我在哈佛大学拜访经济系前主任珀金斯教授和塔夫茨大学经济系斯波劳雷教授，讨论国家规模和经济增长问题，并从哈佛大学图书馆收集了一些高水平论文，考虑将它们编成两部论文集：《国家规模、贸易和工业化》和《国家规模、政府和公共产品》。于是，就形成了我们翻译出版这套丛书的基本框架。

我们研究大国经济发展理论，是从学习张培刚教授的"新发展经济学"开始的。张培刚教授提出,发展中大国应该成为发展经济学的重要研究对象,我把它称为"张培刚命题"。遵循张培刚教授的命题,我们探讨发展中大国的合理界定、评价指标、基本特征以及工业化、城市化和现代化问题。随后,我们在《发展经济学手册》中读到珀金斯教授所作的《大国:规模的影响》,珀金斯教授提出:为什么大国的规模可能会导致更好或更坏的经济表现? 我把它称为"珀金斯之问"。带着珀金斯之问,我们开始探索国家规模对经济增长的正面影响、负面影响以及主要原因、影响机理。从经济学角度看,大国经济问题主要是国家规模和经济增长问题,需要把国家规模因素纳入发展经济学理论框架,分析它对市场规模、生产规模和经济规模的影响,进而探讨大国经济发展优势、发展型式和发展战略。

这套丛书选择了国际学界研究国家规模和经济增长的主要成果,希望它能够为中国学者的研究提供理论和方法的借鉴。中国是典型的发展中大国和新兴大国,遵循经济理论和经济事实的重要性相统一的原则,中国经济学家应该基于新兴大国的典型化事实,在大国经济领域进行科学探索,精耕细作,作出富有创新性的理论成果,为构建中国风格的经济学话语体系作出积极贡献。

前　言

　　国家的规模、形状千差万别,其数量也与国家和民族的历史兴衰密切相关。2010年,全球有195个主权国家。全球化降低了军事力量的重要性,使小国能够在世界经济中崛起和实现一体化。但是,国家的规模究竟是什么? 经济学上,它的定义是相对的:在国际市场中,小国是价格接受者,大国是价格制定者。然而,国家规模是一个多维度的概念,包括地理区域、人口、政治影响、军事力量、国内市场、出口、资本流动等各个方面。这样一个汇集多方面特征的集合体是如何影响经济绩效(economic performance)尤其是GDP增长的,无疑是一个复杂的问题。需要从计量经济学、政治经济学和宏观经济建模等跨学科的理论和方法进行研究。

　　第2章主要在两国货币联盟模型中引入国家规模。该模型的特点是微观基础、新凯恩斯主义式和动态随机一般均衡模型。该模型的目的是分析由不同规模、开放度和价格刚性的一组国家构成的异质货币联盟背景下的财政政策。引入初始特征,一方面确保债务成本随着债务水平上升而增长,同时保证模型的稳定性;另一方面,也可以复制货币联盟中相机抉择的财政政策的制定。对封闭经济和开放经济环境下经济和财政政策冲击的随机模拟补充了模型的动态属性。

第 3 章运用前述构建的货币联盟模型,我们模拟应对危机的不同财政政策——增加政府开支和削减税收的政策,并比较它们的有效性。我们运用确定性模拟以进一步了解异质货币联盟的运作机制,理解财政外部性和国家财政政策的含义。我们详述了面临危机时,不同规模的国家如何对其自身及其邻国的财政政策产生不同反应,以确定危机过后,哪种规模适当的财政政策可以缓冲对 GDP 增长的不利影响。与 Cwik 和 Wieland(2009)相反,我们认为财政稳定政策的溢出效应为正,且不能忽略不计。该章中,我们也评估了对货币联盟中的国家的内部贬值效应以及它是否可以有效应对主权债务危机。

第 4 章从实证的角度更广泛地研究国家规模和经济运行问题。我们不仅考虑国家规模及其与 GDP 增长的相互作用,也考虑国家规模与商业周期波动性的关系。为了研究这些关系,我们采用主成分分析法(Principal Component Analysis,PCA)建立了一个包括人口、GDP 和国家国土面积在内的新的国家规模指数。该指数使我们既避免纯粹的人口统计指标,又避免基于 GDP 排名的指标缺陷,而能够捕捉更全面的规模效应。运用 1960—2007 年 163 个国家的面板数据,我们发现,与 Rose(2006)相反,对于所有国家以及特定群体,比如小国、OECD 国家甚至金砖国家(巴西、俄罗斯、印度和中国),国家规模对经济绩效有显著的负面影响。在分析中,我们还将规模或国家规模的影响从几个经济变量中分离出来。研究表明,国家规模与独立于贸易开放度的波动性之间具有负相关性,扩展了 Furceri 和 Karras(2007)的结论,尤其是对于小国。我们的结果是稳健的,包含几个控制变量、国家规模具体特征和趋势分离方法。对我们引入的主成分分析法规模指数的估计支持我们的假设,当解释增长及其波动性原因时,对于一国而言,规模指数的意义大于人口数量。而且,我们证实了贸易开放度有益于长期增长,但是没有证据显示它增加了经济增长的波动性。对国家规模和经济绩效的进一步研究可能要求深入研究诸如制度和政策等不易量化的因素。例如,我们强调欧元区内国家规模、经济绩效和波动性之间显著的负相关性,并展示货币联盟下与国家规模之间特殊的相互作用。

第 5 章阐明了原始的制度背景,即欧洲经济与货币联盟(Economic and Monetary Union,EMU),使国家规模在解释经济增长时扮演了不寻常的角色。我们聚焦在总增长水平,而不是这些国家内部的分配问题,内部分配问题需要对每个成员国进行具体分析。国家规模决定了许多经济结构:较小规模的国家往往有更大的开放度,而较大规模的国家则更依赖于内部需求。在欧元区内,国家规模也对经济绩效产生影响,如"规模鸿沟"(size divide)出现在规模小但增长快速的经济体以及较大规模的落后国家之间。进一步沿着 Laurent 和 Le Cacheux(2006)开创的政治经济分析法,我们根据成员国的规模,详细说明它们的激励结构。实际上,货币联盟的"一刀切"(one-size-fits-all)原则,即《稳定与增长公约》(*Stability and Growth Pact*, SGP)和欧洲央行(European Central Bank, ECB)政策,适合欧元区较小规模经济体的经济结构和政策,但不利于较大规模经济体的经济结构和政策。一方面,《稳定与增长公约》限制较大规模的国家对国内需求进行财政刺激的能力;另一方面,欧洲央行无法将小国因通胀水平不断上升而产生的负外部性内部化,其鼓励实施价格竞争力政策。对于这些"政治经济学"(political economy)假设,我们采用 15 个欧元区国家 1998—2008 年面板数据进行实证检验。运用动态面板估计方法对大国和小国分别进行回归,证明欧元区内存在一个"规模鸿沟",即人口规模对 GDP 增长具有显著的负效应。"规模效应"(size effect)甚至对小国的影响更大。这些结果对不同的经济计量指标是稳健的。进一步的稳健性检验包括扩大数据范围,对货币联盟成立之前的阶段以及选择退出联盟的国家进行"安慰剂"回归("placebo" regressions)。这些检验对于评估货币联盟的效应是有用的,证实了"规模鸿沟"实际上是货币联盟的副产品。基于国家规模模型及其对货币联盟中经济政策实施影响的理论研究应当基于这些实证结果,具体内容在下一章展开。

综上所述,我们得出结论,国家规模对一国的经济结构产生影响,进而影响其增长速度。这一影响是消极的、中性的或积极的,很大程度上则取决于各国贸易和相互依赖的资本、投资和移民流动的国际环境。除了国家的内部制度和领土效率水平之外,经济政策在解释国家规模对增长的影响上具有非常重要的意义。尤其是在一个货币联盟中,规模适度的财政政策更有利于增长。在欧元区内,成员国间不承认国家规模对立权平等的重要性,这导致了经济绩效的显著差异。但是,共同政策目标和利益对货币联盟的持久性至关重要。在 2008—2010 年金融危机和主权债务危机之后,理解这些非对称性及其影响从而修订《稳定与增长公约》,以便更好地提升货币区的可信度至关重要。

目　录

第1章 导 论

国家的规模、形状千差万别,其数量也与国家和民族的历史兴衰密切相关。2010 年 GDP 增长速度预测排名最快的国家中,非常小的国家诸如卡塔尔(18.5%)和黎巴嫩(6%),以及非常大的经济体诸如中国(10%)和印度(8.7%)均榜上有名。[①]无论过去流行什么过于简洁的警句,如 20 世纪 50 年代充满冷战色彩的"小就是危险"(small is dangerous),或 20 世纪 80 年代的"小就是美"(small is beautiful),在解释经济增长时都没有明显的规模模式。的确,20 世纪 60 年代关于规模与增长的开创性文献——包括库兹涅茨(Kuznets,1960)和罗宾逊(Robinson,1960)等都强调了小型经济体在经济全球化过程中的脆弱性以及如何利用这种脆弱性。

然而,幅员辽阔也带来了一系列困难,其中较突出的是在管理大片领土和人口方面遇到的困难。尽管如此,今天人们的思想似乎发生了转变——随着帝国的解体,二战后独立国家数目的增加,非殖民化进程和冷战的结束,20 世纪见证了民族国家数量的倍增。1945 年,联合国有 50 个成员国,而截至 2006 年,拥有 192 个成员国。全球化在将军事力量的重

---

① 资料来源:国际货币基金组织。

要性降至最低的同时提升了贸易的重要性,便于小国融入国际市场,在世界经济中崛起和实现一体化。如今,在2008—2010年全球经济和金融衰退之后,金砖四国(巴西、俄罗斯、印度和中国)拥有庞大的人口、市场和领土,已成为世界经济的引擎。与小型发展中经济体相反,它们的成功并非建立在对世界市场完全开放的基础上,尽管这种现象不太可能带来新的增长模式,但它肯定暗示了国家规模对GDP增长可能产生的"规模效应"。

这些大国能够利用其巨大规模施加政治影响力,并对其经济伙伴施加压力。从这个角度看,区域一体化的趋势可能被视为小国在国际市场中为达到这一关键规模而采取的一种方式。实际上,正如上文提及的关于规模效益的两句简单口号所示,在当今世界经济中寻找一个最优的国家规模是不切实际的。即使在理论上确立一个最优规模,它也几乎没有任何实际政策含义,因为一个国家不可能随意分裂或扩张。然而,这并不等于说规模对经济绩效不重要,正如Rose(2006)或Back-us、Kehoe和Kehoe(1992)所认为的那样。

本书研究货币联盟背景下国家规模与经济增长之间的关系。经济学家通常认为国家规模是外生变量,对其影响讨论不多。宏观经济对规模效应的研究比微观计量经济学的研究更为有限,因为规模效应在总体水平上不那么显著。虽然我们的研究目的不是解释国家规模形成的原因,但在下文我们将深入探讨国家规模的多方面影响。此外,欧盟(European Union,EU)经济一体化经验——其深度是独一无二的——为不同规模的成员国之间的相互作用提供了一个介于双边关系和全球关系之间的独特观察视角。

1.1　主要概念界定

首先,需要几个定义。"一个国家"(a country)通常被定义为拥有一定人口、领土管辖主权,并通常得到外交认可。①对于经济分析而言,一个更实用的定义是有用的:"一国"是指在一定政治边界内由多样化、有组织的经济活动和一组技术因素构成的有管理的集合体。一个经济国家或国家的概念在欧盟的情况下可能会发生变动,在欧元区更是如此。欧洲经济与货币联盟本身就是一个巨大的"经济国家",它拥有一个单一市场,在单一市场中,一些小国和中等规模的国家共存并提供共同的公共物品,如法律和警察,即使在国界的两边,生产要素的流动性是不同的,如果银行、金融和政治体系各不相同的话。

　　国家规模是相对而言的。经济功能定义将小国视为国际市场中的价格接受者,将大国视为价格制定者。国家规模包括许多维度——人口、地理面积、GDP、人均收入、自然资源、劳动力、人力资本、技术水平、军事能力和外交关系——每一维度的级别均不相同,这些维度并不一定彼此线性相关。人口是最常用的标准,它与领土面积和 GDP 有关。因此,可以对人口设置一个较高的阈值来对小型经济体进行分类。库兹涅茨(Kuznets,1960)将该阈值限定为 1 000 万居民,目前有 134 个国家归入该类。本书中,国家规模将交替由 GDP、人口和领土面积构成的复合指标以及基于比较目的的人口指标和相对 GDP 权重来表示。对国家规模的不同定义在增长方面产生了不同的经济结果。Kocher(2003)发现一个国家的人口与其公共部门支出之间存在负相关关系,而与 GDP 无关。因此,我们必须牢记我们的定义的相对性,以及我们可能得到结果的相对性。惠特曼(Wittman,2000)把国家定义为"公共物品的联结"(anexus of public goods),认为国家规模是在一个可靠的制度框架内最大化有效生产,同时最小化政治成本的结果。

---

① 尽管概念不同,"country""nation"和"state"三个词可互换使用。

这种做法若成功则可能通过领土征服或移民而扩大国家规模,若失败则可能导致政治实体的损耗或分裂。弗里德曼(Friedman,1977)假设国家是税收协调的最大政治单位,并认为国家的地理面积是税收收入最大化的结果。他指出,存在影响国家规模的相互矛盾的力量,例如税收、贸易、租金的发展,或为劳动力提供大量食品和其他必需品,这些都带来了有界性和一定程度的同质性,因为在某种程度上规模不经济会发生。国内市场相对于出口市场的规模是了解大、小经济体差异化运作的一个有益指标。虽然小国对贸易更加开放,但大国更多地依赖本国供应商来满足其更大的国内需求并刺激其增长。正如 Katzenstein (1985)以及后来的 Alesina、Spolaore 和 Wacziarg(2005)所提出的,国家规模与贸易开放之间存在负相关关系,因此,开放度可能是区分大、小经济体的一个关键标准。

经济增长是 GDP 的变化率,衡量生产的商品和服务的数量。我们关注的是商业周期的总体收入水平,而不是长期的国内人均分配。GDP 的确是衡量经济"硬实力"(hard power)的一个重要指标,并在经济规模方面提供了一个清晰的国际等级。人均 GDP 排名或"生活水平"(living standards)等级描述了一种不同的排名顺序,欧洲小国往往居于前列,即使一国 GDP 的增长通常被视为其居民生活水平的提高。考虑 GDP 总量是衡量一国各种力量和弱点的一个更简便的方法,即使它可能不全面。Kaldor(1971)"魔方"(magic square)的四个目标,即经济增长、外部平衡、就业和通胀,可以更好地评估经济绩效。这是分析经济绩效的一个相关依据,它包括经济政策的四个主要目标,即经济增长、充分就业、国际收支账户和稳定的通胀水平。Kaldor 也认为这是一个不可能的方形,因为经济政策不可能同时实现所有四个目标。

1.2　文献综述及相关问题

1.2.1　国家规模与经济增长

经济增长的长期路径是经济学讨论的核心问题之一。虽然本研究的目的之一是了解国家规模对短期经济增长的重要影响,但大量关于长期增长的文献可能会给我们提供一些见解,因为这两种增长显然是相互关联的。在新古典主义框架下,如索洛(Solow,1956)所使用的分析框架认为,国家规模对增长没有影响。在内生增长模型中,如 Aghion 和 Howitt(1998)或罗默(Romer,1994)所描述的,国家规模越大,意味着资源禀赋越大,规模效应驱动经济增长。论证很简单:国家规模越大,被用于规模报酬递增行业的劳动力和资源——尤其是人力资本和研发资源就越大。这也意味着有一个更大的国内市场来维持增长,而追赶速度将更快。相反,Alesina、Spolaore 和 Wacziarg(2005)提出小国从贸易中获益更多。实际上,专家们不再关注小型开放经济体在全球经济中的脆弱性,而是关注它们的效率和适应不断变化环境的能力。库兹涅茨(Kuznets,1960)和 Katzenstein(1985)强调了脆弱性和效率之间的正相关关系。小国需要比其国内市场更大的出口规模,才能像较大经济体那样从规模效应中获益。贸易开放使它们不断受到国际竞争的影响,促使它们保持最高效率。相反,更大的国家——其规模也是抵御痛苦变化的堡垒——往往允许陈旧的结构和过时的产业存活下来。

新经济地理学超越了粗放型和集约型经济增长之间的对立。克鲁格曼(Krugman,1991)、藤田和克鲁格曼(Fujita and Krugman,2003)引入规模报酬递增而不是规模报酬不变的假设,从而使国家规模在增长和经济活动本地化模型中发挥作用。如此一来,由于规模经济、范围经济、网络和资源禀赋的重要性,较大的国家——归功于其平均规模较大的企业——能够更好地获得商业一体化的好处,并倾向于出口那些规模密集型和研发密集型产业的产品。根据藤田和克鲁格曼的理论,即使他们没有解释国家规模,也解释了核心—外围模式,因为垄断性产业的集中,规模经济体集聚在靠近最大需求的市场,从而使制造业结构更好,网络协同效应更强,而牺牲了其他地区的利益。因此,国家的经济往往由引领区域来驱动。例如,在欧洲,夜间卫星图像显示了著名的"蓝香蕉"(blue banana)或工业中心地带,它通过莱茵河地区从英格兰南部蔓延到意大利北部。

1.2.2 政治经济学与定量宏观经济学的协调

国家规模——一个多方面特质的集合体——如何影响经济绩效尤其是 GDP 增长,是一个复杂的问题。这需要跨学科的方法。探索国家规模与增长之间的联系涉及了解政治和制度环境。新政治经济学,在 Drazen(2000)之后,"通过使用现代经济分析的概念和技术工具,研究政治如何影响经济结果……",为经济学和政治学之间的相互作用提供了一个有用的分析框架。国家诞生的根本原因的确主要是政治性的。同样,正如 Eichengreen 和 Frieden(1993)所强调的,欧洲经济与货币联盟的成立是出于政治意愿,而不是为了遵守最优货币区的经济标准(Mundell, 1961)。货币联盟是一种政治行为,从这个意义上看,它是欧洲煤钢共同体(European Coal and Steel Community,ECSC)的有价值的产物。在饱受战争创伤的欧洲,欧洲煤钢共同体被视为一种通过工业合作来实现和平的手段。欧洲经济与货币联盟的四大支柱——单一市场和欧盟预算,欧洲央行(European Central Bank,ECB)和《稳定与增长公约》——也是政治架构。

因此,考虑欧洲经济与货币联盟的政治和制度如何与宏观经济学相结合是有意义的。Persson(2002)认为经济事件是制度依赖的。扩展卢卡斯(Lucas,1976)的论证,欧洲经济与货币联盟的设置可能会改变政策措施影响实体经济的深奥的参数。在我们的分析中,将这些进展界定为"欧盟或欧洲经济与货币联盟诱导"(EU- or EMU-induced)。随着时间的推移人们,不再质疑它们的起源,所以发现这些偶然事件并不那么简单。一个比较明显的例子是贸易一体化,如果没有实行单一市场,贸易一体化就不会达到如此程度。此外,欧盟还存在着"欧洲增长"(European growth)现象,即成员国之间的贸易一体化和渐进式货币统一促进了商业周期的同步。Buti、Roeger 和 Veld(2001)认为,欧洲经济与货币联盟是一个独特的货币联盟,该联盟中主权国家在《稳定与增长公约》的规则和标准下保留财政自治权,而欧洲央行拥有目标和工具的独立性。《稳定与增长公约》的目的之一就是"使财政纪律成为欧洲经济与货币联盟的永久特征"(Buti,2003),在某种程度上它成功了,欧洲经济与货币联盟成立以来,欧洲各国政府将财政稳固作为一个关键因素,它也给该地区带来了引人注目的增长和发展。政治学和经济学之间的相互作用产生了这样的影响,以至于像欧洲经济与货币联盟这样的制度创新可能永久性地改变参与国的经济结果。正如 Peyton Young(1998) 所述,由此产生的新的社会规范自我强化。Fitoussi 和 Saraceno(2004)将其称为"布鲁塞尔—法兰克福共识"(Brussels-Frankfurt consensus)。然而,正如 2010—2011 年的主权债务危机所显示的那样,这些新准则——其中包括《马斯特里赫特条约》(Maastricht Criteria)——并不能确保其经济稳定。

1.2.3 国际政策协调与欧洲货币联盟

有关国际政策协调的文献不仅考虑了货币联盟的未来形式,而且还对货币一体化的动态和欧洲经济与货币联盟成员国之间可能出现的战略问题提出见解。在 20 世纪七八十年代,发达国家之间日益增强的经济相互依赖,使国家政策的外部性或溢出效应问题引起关注。一个经常被引用的例子是 1984—1985 年美国的扩张性财政政策,被视为世界经济的火车头,甚至在德国和日本实施紧缩性财政政策的情况下更是如此。

对这些相互作用进行建模后证实,由于各国未能考虑到其政策对其伙伴国政策的溢出效应,非合作型宏观经济政策制定所达成的均衡可能无效。然而,Frankel 和 Rockett(1988)或 McKibbin 和 Sachs(1986)表明,在政策制定者采取战略行动的一个博弈论理论框架中,在某些条件下协调可以让政策为所有人带来更大的福利,且避免搭便车或以邻为壑的做法。实际上,20 世纪 80 年代,七国集团(G7)财政政策协调方面的尝试不太成功,"火车头"(locomotive)式的做法也被废弃。随着布雷顿森林体系(the Bretton woods system)的崩溃,对国际宏观经济政策协调的研究主要集中在外部失衡以及固定汇率与有弹性的汇率制度下货币政策的比较。随着浮动汇率的普遍化,协调也成为防范第三国的一种手段。例如,欧洲货币体系的建立也被解读为应对美国对美元的"善意忽视"(benign neglect)的方式。

这些货币方面的进展将对财政政策的相互作用产生重大影响。McKibbin 和 Sachs(1988)表明,货币体系不同,则财政传导乘数(fiscal transmission multipliers)和溢出效应也不同。即使汇率协议的目的是消除有害的政策竞争,如竞争性通货紧缩,但每一套新规则都会强制执行自己的战略行为模式,这可能是无效的。Oudiz 和 Sachs(1984)认为,新规则的目标是通过独立的政策实现合作效果,但这并不一定排除次优均衡,因此,研究制度背景对政策协调的影响十分重要。由此看来,内部货币贬值——这将在第 3 章末尾进行分析——可能被视为一个由货币联盟的新框架导致的无效均衡。

1.2.4 异质货币联盟的决策

成员国之间的不对称性使得货币政策和财政政策之间的互动更加复杂，而这反过来又使最优任务分担复杂化，尤其当处理不利的经济冲击时。Mundell(1961)提出货币联盟限制了应对特殊冲击的经济政策的制定。正如 Buti(2003)所解释的那样，欧洲经济与货币联盟的制度设计将"强大"的中央银行与财政约束相结合，这种制度设计限制了政府应对影响国民经济的冲击的能力。事实证明，当冲击的性质和范围在欧盟各国之间存在显著差异时，这对福利尤其不利，因为央行只有在面对共同或完全相关的冲击时，才能真正发挥其稳定作用。然而，Cooper 和 Kempf(2004)表明，货币联盟中独立的财政政策实际上可以缓解这些特殊的冲击。

共同的货币政策意味着，面对不利的事态发展，除了采用货币贬值措施以缓解疲软的经济之外，各国政府已经失去了微调汇率的可能性。随着整个欧元区的商业周期同步，预计欧洲央行的"总体调整"(gross-tuning)将逐渐变得更加精细。不幸的是，各国经济周期远非完全相关，因此，欧洲央行的政策只能迟钝地处理欧元区国家的发展问题。在2008—2009 年金融危机之后，重划政策的问题尤其令人感兴趣，因为利率已接近零利率下限，而政府支出成为刺激经济的唯一手段。在此背景下，Calmfors (1998)认为，各国政府应采用"内部贬值"(inter-naldevaluation)作为汇率下浮的替代品，即工资或劳动力成本采取适度政策以保持其价格竞争力。这些观点与我们的研究相关，我们研究了财政外部性以及应对冲击的最佳财政政策的含义。

货币联盟的一个主要制度缺陷是缺乏适当的政策工具来维持经济增长。丁伯根(Tinbergen，1952)提出的政策分配原理阐述了每一个经济政策工具应当致力于实现一个目标，从而达到最佳结果。政策目标众多,相互冲突,需要权衡取舍。尽管为了保障其可信度,欧洲央行只追求价格稳定。《稳定与增长公约》以及对公共赤字3％和债务上限60％的要求,未能为加强财政合作留出空间,而财政合作是刺激经济增长和防止主权债券高收益率息差所必需的。在欧洲货币联盟没有一个功能完整的经济治理制度的情况下,欧盟内部已经存在的紧张局势显著恶化,而欧洲单一市场使各国在经济和制度基础上相互竞争。这些矛盾可以追溯到货币联盟的建立之时,以及法国和德国领导人关于目标的分歧,即央行的独立性是否应该由民选政客和欧洲经济政府来制衡。这些很好地印证了罗德里克(Rodrik,2000)提出的深度经济一体化、国家主权和民主政治之间的"三难困境"(trilemma)。

1.2.5　货币联盟中的国家规模

欧洲货币联盟特征的另一个"副产品"(by-product)是自其成立以来,大国与小国在经济表现方面的"规模鸿沟"现象。考虑到欧元区成立以来成员国经济指标的典型化事实,Laurent 和 Le Cacheux(2006)强调小国在经济增长、通胀和较低失业率方面优于大国。矛盾的是,大国规模不能等同于政治实力,更不能等同于经济霸权,所谓的政治巨人是经济上的小矮人。由于成员国被视为主权平等、地位平等的主体,因此,主导欧元区经济政策制定的经济规则对所有国家都是一样的,或者说是"一刀切"的。欧盟的共同政策,尤其是,欧洲货币联盟是以各国名义汇率和实际汇率趋同为前提的。的确,共同的利益和结构是实施和维持任何共同政策的必要条件,而且,各国之间的共同利益被假定大于分歧。然而,一个经济体的规模对其开放、内需等方面的结构以及对财政和货币政策的传导机制都有很大的影响。因此,国家规模应作为一项政策约束加以管理。

Johnson(1961)在评论所涉国家的比较经济分析和政策意义的复

杂性时指出:"国家获得经济相关性主要是在于其政治能力,即作为一个决策单位而具有的财政和货币权力;但事实上,他们有经济政策是所有国家的共同点。它们的异质性使得很难摆脱规模对经济的影响。"国家规模有若干维度,包括 GDP、人口和领土面积所反映的经济规模。在本书中,我们集中在国家规模的下列维度:GDP(它几乎与人口线性相关);贸易开放;在较低的程度上,价格刚性这一假设更难成立(见 Dhyne、Alvarez、Bihan、Veronese、Dias、Hoffmann、Jonker、Linnemann、Rumler 和 Vilmunen,2005)。国家规模决定了一个经济体的结构,但一个国家的运行似乎取决于适当的政策和增长战略。因此,对于小型开放经济体来说,明智的增长策略有助于提高价格竞争力、工资适度和税收吸引力。对于大国来说,同样的政策将抑制国内需求,减少税收。与此同时,国家规模决定了许多经济结构,这些结构的影响超越了国界,例如贸易开放、实际汇率和政策传导渠道。因此,我们认为,国家规模的差异可以被视为欧洲货币联盟内部异质性的一个理由。但在欧洲经济与货币联盟,正如我们将看到的,经济政策是有限的,以至于政策选择范围与联盟中的规模排名不匹配,马耳他拥有 40 万人口和 50 亿欧元的 GDP,而在德国,这些数字分别为 160 倍和 400 倍,人口达到 8 200 万,GDP 达到 2.5 万亿欧元。[①]特别是《稳定与增长公约》和欧洲央行的货币政策对每个成员国的经济发展的影响各不相同,这可能是小国和大国之间增长差异的原因。

1.2.6　文献定位

本书将国家规模作为异质性的来源予以关注,建立在异质性货币联盟的基础上。国与国之间的异质性产生了货币联盟长期可持续性的

---

① 欧盟统计局,2007 年。

问题。例如,Suardi(2001)指出,"启动欧洲货币联盟的决定将注意力集中在产出的不对称以及对欧盟成员国实行单一货币政策的价格反应上"。欧洲经济与货币联盟中完全的和持久的通胀差异成为几项研究的主题,这些差异的可能原因有很多:竞争市场的不断变化的程度(Andres,Ortega and Valles,2008),价格反应迟钝(Angeloni and Ehrmann,2004),货币传导(Mihov,2001),服务对通胀的影响(Altissimo,Ehrmann and Smets,2006),需求冲击(Canzoneri,Cumby and Diba,2005)或贸易开放。国家规模对这些差异的产生很重要:小国通过进口以及它们在央行反应函数中较小的权重,似乎造成了更高的通胀水平。由于实际利率较低,它们更高的膨胀式增长刺激了借贷和投资。关注货币联盟经济绩效的一些论文也强调了国家规模与就业表现之间的负相关关系(Saint-Paul,2004)或实施结构性改革的激励(Duval and Elmeskov,2005)。

理论部分的章节借鉴了新凯恩斯主义文献,更准确地说,借鉴了Moons、Garretsen、van Aarle 和 Fornero(2007)以及 Andres、Ortega 和 Valles(2008)的文献构建了货币联盟的动态随机一般均衡(DSGE)模型。Gali 和 Monacelli(2008)以及 Benigno(2004)对货币区内政策最优化的研究为我们的研究提供了方向。

总体而言,本书涉及货币联盟福利影响的经济学文献。例如,Canzoneri、Cumby 和 Diba(2005)发现,小国在央行的反应函数中赋予其通胀率的权重越小,福利损失越大。Mykhaylova(2009)在纳入资本市场和完全的风险分担时没有发现这种劣势。Dubois、Hericourt 和 Mignon(2007)使用 GVAR 模型,以产出和通货膨胀率来量化欧元成员国的利益和成本,结论显示,加入欧元区的小国明显受益于货币政策可信度的提高,而对于德国、法国和意大利来说,结果就不那么明显了,它们相互冲突的利益几乎不可能全部得到单一货币制度的支持。针对财政政策效应，Beetsma、Giuliodori 和 Klaassen(2005)实证结果显示，欧洲货币联盟的小国，由于其更大的开放度，可能会比其较大的对手国从外部主导的财政扩张中获益更多。Corsetti、Meier 和 Muller(2010)评估了不同财政冲击的扩张效应，并在建立一个包含债务约束机制的两国货币联盟模型时发现，当财政扩张后实施中期整合时，这些效应非常重要，而且基本上是积极的。

1.3 主要内容

因此，本书目的是研究在国际层面以及经济与货币联盟中国家规模与增长之间的关系，并得出增长导向的财政政策的实施效果。为了进一步拓展欧洲经济与货币联盟国家的规模与增长之间关系的全球意义，我们采用了一种跨学科的方法，包括宏观经济模型、计量经济学和政治经济分析。在接下来的章节中，我们将国家规模作为外生变量，并将其视为各国在经济结构、政策传导和激励方面存在异质性的一个理论基础。

第 2 章重点讨论了将国家规模纳入一个两国货币联盟的模型中。它以微观基础、新凯恩斯主义和动态随机一般均衡(DSGE)模型为特征。该模型的目的是分析异质性货币联盟背景下的财政政策，在这种异质性货币联盟中，各国在规模、开放程度和价格刚性上存在差异。引入初始特征，一方面是为了确保债务成本随着负债水平上升而增加，同时保证模型的稳定性；另一方面是为了重复制定货币联盟中自由裁量的财政政策。在封闭和开放经济环境下，经济和财政政策冲击的脉冲响应函数补充了模型的动态属性。

在第 3 章中，我们利用之前建立的货币联盟模型，模拟了不同的财政政策——增加政府支出和减税——以应对危机，并比较评估了其有效性。为了进一步理解异质货币联盟的运作机制、财政外部性及其对国家经济政策的启示，我们进行了确定性模拟。详细介绍了不同规模的国家如何对本国和邻国的财政政策做出不同的反应，以确定随着危机的爆发何种规模合适的财政政策可以缓冲对 GDP 增长的影响。与 Cwik 和 Wieland（2009）相反，我们认为财政刺激政策的溢出效应是积极的，且不可忽视。本章中，我们还将评估"内部贬值"对货币联盟国家的影响，以及它是否可能为摆脱主权债务危机提供出路。

在第 4 章中，我们探讨了国家规模是否对总体增长及其波动性具有重要影响。为了掌握不同维度国家规模的效应，我们使用主成分分析来开发一个新的国家规模指数，该指数包括人口、GDP 和领土面积。利用 1960—2007 年间 163 个国家的面板数据，我们发现，所有国家和某组国家群内，国家规模与经济绩效之间存在显著的负相关关系，如小国、经合组织（OECD），甚至金砖国家（BRICs）。我们将这种规模效应与贸易开放的规模效应分离开来，进一步强调了国家规模与波动性之间的负相关关系。

第 5 章阐明了独特的制度背景——即欧洲经济与货币联盟——是如何使国家规模在商业周期频率中对经济增长发挥特殊作用的。换句话说，它阐述了欧洲货币联盟的"规模政治经济学"（political economy of size），并探讨了各成员国的制度特征与经济发展之间的关系，特别是欧洲央行的共同货币政策和《稳定与增长公约》下的财政约束如何对各国产生不同的影响。我们将看到欧洲货币联盟的制度设置如何提供一个经济框架，在这个框架中，小国必然会超越大国。利用欧元区 15 个国家 1998—2008 年的面板数据，我们发现，"规模鸿沟"即欧元区大国和小国的经济绩效，或者人口规模和 GDP 增长之间负相关性，似乎是货币联盟的副产品。

最后，结合以上分析，我们得出结论，国家规模对国家的经济结构、政策效应进而对其增长速度有影响。因此，对欧洲经济与货币联盟而言，有必要重申国家规模的重要性及其影响。

第2章 货币联盟模型中的国家规模和财政政策

摘　要

本章阐述一个两国货币联盟微观模型,该模型具有新凯恩斯理论特征。本章建模目的是要分析货币联盟内在国家规模、开放度、价格刚性方面均具异质性的两国财政政策的影响。为此,本章引入了一些原创性条件。第一,支付给金融中介的债券溢价或息差在公共或私人资产调整过程中形成非庞氏条件。在欧元区债务危机背景下,这类似于欧元区国家主权债券利率高于德国主权债券利率的息差。第二,政府不遵循预算条例。财政当局在提高公共支出水平的同时,遵守由息差形成的隐性债务和赤字约束,最大化目标函数。本章将详述模型的稳态关系,特别是债券息差如何保证模型的平稳性,以及独特均衡是如何形成的。在封闭和开放经济下,经济财政政策冲击的脉冲响应函数显示的模型变化和财政乘数,与相关文献均可比较。本章模型为下一章深入研究货币联盟国之间的财政政策溢出效应提供了基础。

引言

正如 Buti、Roeger 和 Veld（2001）所指出的，很少有经济学家在货币政策与财政政策交互模型中加入欧洲经济与货币联盟的制度特征。但是，这对于理解货币联盟内迥然有别的成员国的财政政策与货币政策互动至关重要。本章为该问题提供了理论视角，借鉴 Andres、Ortega 和 Valles（2008），Gali 和 Monacelli（2008）以及 Benigno（2004）的做法，构建一个两国货币联盟微观模型，并加入欧洲经济与货币联盟的现实特征，即中央银行致力于消费价格稳定，成员国面临隐性赤字约束。

不同于上述文献的是，本章模型的政府或财政当局设定更好地模拟了欧洲经济与货币联盟的实际政策。财政当局采用积极而非标准的财政政策方法，以描绘最近欧元区的经济政策互动。因此，本章不讨论货币联盟的最优财政政策。模型中政府在预算约束下优化支出，而不是遵守财政条例，例如 Corsetti、Meier 和 Müller（2010）。具体而言，财政当局在遵守息差形成的隐性债务和赤字约束的同时，提高公共支出水平，最大化目标函数。

继 Schmitt-Grohe 和 Uribe（2003）之后，支付给金融中介的资产交易费用，对调整中的公共和私人资产强加了非庞氏条件，这能确保模型达到均衡。随着负债增加，债务成本上升，公共负债和赤字约束发挥隐性作用，即债券利率和负债溢价越高，政府的可负债额度将减少。

关于财政政策的效果，文献意见不一。这些差异源于不同的模型方法与参数选择。Mountford 和 Uhlig（2009）采用向量自回归模型研究美国数据发现，在封闭经济体内，相比扩张性赤字支出，减税对 GDP 的影响更大。对于欧洲经济与货币联盟来说，Faia、Lechthaler 和 Merkl（2010）表明当劳动力市场存在摩擦时，财政措施如减免所得税、雇佣津贴能对 GDP 和消费产生最大的乘数效应。紧缩性财政措施对信心和利率的影响也能提高经济增长预期，但是，当消费者处于高负债水平，且利率很低时，这种影响可能无法实现。在这种模式下，公共消费仅限于本国产品，提高政府支出对本国生产有一对一的直接影响。减税、价格竞争和国际贸易会减弱财政刺激的效果。因此，封闭或开放经济体的财政政策脉冲响应函数显示，相比减税，扩张性支出对产出和消费有更积极的效果。

　　本章剩余结构如下：2.1 节阐述两国货币联盟微观模型，重点阐述财政当局和金融中介的原创性设定。2.2 节和 2.3 节阐述稳态形成及特征，2.4 节分析求导。2.5 节详述介绍了参数校正和潜在的稳健性问题。2.6 节将模型财政政策效果和遵循财政条例的模型效果进行比较，以检验结果的稳健性。最后，2.7 节，在封闭和开放经济背景下，用脉冲响应函数分析模型变化和财政政策效果。

2.1　模型

　　本节详细说明两国货币联盟模型，假设模型存在价格黏性，生产函数不考虑资本，所有商品都可交易。采用 Obstfeld(2001)以及 Obstfeld 和 Rogoff (1995)的版本，两国拥有同一个货币当局，并实施固定汇率。本模型在商品、家庭、企业、价格和货币当局与 Benigno(2004)以及 Gali 和 Monacelli(2008)提出的货币联盟中的货币政策模型类似。因此，它的特点是两个拥有单一中央银行和两个财政当局的国家。典型的家庭既是消费者也是劳动供给者。家庭拥有企业。后者生产一种差异化产品，并参与贸易。劳动力不可流动。

　　本章模型的创新性特征在于对财政当局和金融中介的设定。(1)政府不能解决社会计划者的问题，它们受隐性债务限制，以消费税(增值税)和工资税收入负担财政开支,但它们无法内化这些变量对家庭的影响。(2)家庭和政府调整资产需要向金融中介机构支付费用。虽然模型中没有考虑生产性资本,但假设存在一个国际金融或债券市场。根据公共负债水平,金融市场将贷款利率差异化,这一变量与欧元区主权债务危机和主权债券息差尤为相关。

简化版的模型将在下一章阐述。

2.1.1 商品总量

各国生产总量

我们假设货币联盟生产连续商品,规模为1。国家1生产$[0, n]$的商品,而国家2生产$[n, 1]$的商品。运用迪克西特—斯蒂格利茨(Dixit-Stiglitz)函数加总,各国将本国生产汇总为一种商品,且两国商品替代弹性不同。这些假说形成了如下关系,即对企业$y^i(\varepsilon, t)$生产的商品需求与对国家$i(\Upsilon_t^i)_{i=\{1,2\}}$生产的商品总需求之间的关系:

$$\Upsilon_t^1 = k_1 \left(\frac{1}{n} \int_0^n y^1(\varepsilon, t)^{\frac{\theta_1-1}{\theta_1}} \mathrm{d}\varepsilon \right)^{\frac{\theta_1-1}{\theta_1}} \tag{2.1}$$

$$\Upsilon_t^2 = k_2 \left(\frac{1}{1-n} \int_n^1 y^2(\varepsilon, t)^{\frac{\theta_2-1}{\theta_2}} \mathrm{d}\varepsilon \right)^{\frac{\theta_2-1}{\theta_2}} \tag{2.2}$$

θ_i是i国的商品替代弹性,K_i是标准化的常数。[1]

在预算约束下最大化上述需求,或者最小化上述需求的单位价格,得到相应的生产价格:

$$P_t^1 = \frac{1}{K_1} \left(\frac{1}{n^{\theta_1}} \int_0^n P^1(\varepsilon, t)^{1-\theta_1} \mathrm{d}\varepsilon \right) \frac{1}{1-\theta_1} \tag{2.3}$$

$$P_t^2 = \frac{1}{K_2} \left(\frac{1}{n^{\theta_2}} \int_0^n P^2(\varepsilon, t)^{1-\theta_2} \mathrm{d}\varepsilon \right) \frac{1}{1-\theta_2} \tag{2.4}$$

---

[1] 取 $k_1 = n^{\theta/(\theta_1-1)}$ 和 $k_2 = (1-n)^{\theta_2/(\theta_2-1)}$ 来简化代数。

加总价格、零售价格和产出之间的关系如下：

$$y^1(\varepsilon,\,t)=\frac{K_1^{\theta_1-1}}{n^{\theta_1}}\left(\frac{P^1(\varepsilon,\,t)}{P_t^1}\right)^{-\theta_1}\Upsilon_t^1 \tag{2.5}$$

$$y^2(\varepsilon,\,t)=\frac{K_2^{\theta_2-1}}{(1-n)^{\theta_2}}\left(\frac{P^2(\varepsilon,\,t)}{P_t^2}\right)^{-\theta_2}\Upsilon_t^2 \tag{2.6}$$

私人消费总量

两国家庭均能获得各国生产的汇总商品，国内和国外商品是部分可替代的。商品 i 的私人消费量为 $C_{i,\,t}$，表示两国对商品 i 的消费总量，这不同于 i 国的私人消费 C_t^i。我们能得到如下关系：

$$C_{i,\,t}=C_{i,\,t}^1+C_{i,\,t}^2 \tag{2.7}$$

$$C_t^i=C_{1,\,t}^i+C_{2,\,t}^i \tag{2.8}$$

和

$$C_t^i=\frac{C_{i,\,t}^{i^{1-\alpha_i}}\,C_{j,\,t}^{i^{\alpha_i}}}{(1-\alpha_i)^{1-\alpha_i}\alpha_i^{\alpha_i}\prime} \tag{2.9}$$

C_t^i 是 i 国的私人消费量，$C_{j,\,t}^i$ 是 i 国家私人消费中生产于 j 国的加总商品。α_i 是 i 国的进口份额。相应的消费价格指数为：

$$CPI_t^i=P_t^{i^{1-\alpha_i}}\,P_t^{j^{\alpha_i}} \tag{2.10}$$

这种加总形成了本国商品需求、进口商品需求及其相对价格之间的关系。本国商品消费和外国商品消费之间的分配取决于开放程度（由国家进口份额 α_i 表示），价格比率与本国总消费之间的关系为：

$$C_{2,\,t}^i=\alpha_1\left(\frac{P_t^1}{P_t^2}\right)^{1-\alpha_1}C_t^1 \tag{2.11}$$

$$C_{1,\,t}^1=(1-\alpha_1)\left(\frac{P_t^2}{P_t^1}\right)^{\alpha_1}C_t^1 \tag{2.12}$$

$$C_{1,t}^2 = \alpha_2 \left(\frac{P_t^2}{P_t^1}\right)^{1-\alpha_2} C_t^2 \tag{2.13}$$

$$C_{2,t}^2 = (1-\alpha_2)\left(\frac{P_t^1}{P_t^2}\right)^{\alpha_2} C_t^2 \tag{2.14}$$

因此,我们看到国家 1 的进口消费和本国消费取决于贸易条件,即 $T_t = \dfrac{P_t^2}{P_t^1}$,弹性分别为 $\alpha_1 - 1$ 和 α_1,可以预期,进口商品价格相对越贵,家庭消费的本国商品越多。国家 2 也类似。

2.1.2 家庭

两国家庭(τ)在预算约束下,最大化跨期 CES 效用函数(预算约束取决于私人财产变动的递归法则)。

消费决策

家庭通过上述消费获得效用,劳动获得负效用。每个家庭提供差异化的劳动,并允许其协商工资。

因此,家庭求解如下方程:

$$\max_{C_i(\tau,t),A_i(\tau,t)} E_0 \sum_{T=0}^{\infty} \beta^T \left(\frac{(C^i(\tau,T)-h_c^i C_{T-1}^i)^{1-\sigma_c^i}}{1-\sigma_c^i} - \kappa \frac{L^i(\tau,T)-h_l^i L_{T-1}^i)^{1+\sigma_l^i}}{1+\sigma_l^i}\right) \tag{2.15}$$

约束条件为:

$$A^i(\tau,T) = \left[1+r_{t-1}-\psi\left(\frac{A_{t-1}^i}{P_{t-1}^i \bar{r}^i}\right)\right] A^i(\tau,t-1) +$$

$$w^i(\tau,t)L^i(\tau,t) - CPI_t^i(1+v_t^{c,i})C^i(\tau,t) + B_t^i \tag{2.16}$$

E_0,β 分别是初期的期望值和折旧因子;$C^i(\tau)$ 是 i 国家庭 τ 的消费量；σ_c^i 是跨期替代弹性的倒数。κ 是劳动在效用函数中的权重；σ_l^i 是弗里希(Frisch)弹性的倒数。h_c^i, h_l^i 是消费和劳动的外部习惯参数。$L^i(\tau, T)$ 是家庭 τ 的劳动供给，$w^i(\tau, t)$ 是其劳动所获得的工资。$A^i(\tau, t)$ 是家庭 τ 在 t 时期结束时拥有的资产，A_t^i 是 i 国的总资产(见下段私人资产调整原子数假设)；r_t 是货币联盟内金融中介设定的利率；ψ 是债券利率溢价。$v_t^{c,i}$ 是消费税或增值税(VAT)，是政府财政支出的部分资金来源。最后，B_t^i 是企业支付给股东或雇员的奖金或红利(如果是负值，则表示企业资产重组)。

所有家庭的欧拉方程式都相同：

$$E_t\left\{\beta\left(\frac{C_{t+1}^i - h_c^i C_t^i}{C_t^i - h_c^i C_{t-1}^i}\right)^{-\sigma_c^i}\frac{1+r_t-\psi\left(\frac{A_t^i}{P_t^i\overline{Y}^i}\right)}{\Pi_{t+1}^{c,i}\frac{1+v_{t+1}^{c,i}}{1+v_t^{c,i}}}\right\}=1 \quad (2.17)$$

$\Pi_{t+1}^{c,i}$ 是 i 国消费价格指数的通货膨胀水平。

私人资产调整

总预算约束为：

$$A_t^i = \left[1+r_{t-1}-\psi\left(\frac{A_{t-1}^i}{P_{t-1}^i\overline{Y}^i}\right)\right]A_{t-1}^i + w_t^i L_t^i - CPI_t^i(1+v_t^{i,c})C_t^i + B_t^i$$

$$(2.18)$$

为使负债成本随着负债增加而增加，并确保模型的平稳性(或取消单位根)，我们引入了利率溢价 ψ，这类似于资产支持者支付给国际金融中介的交易费用，并在资产调整过程中附加"非庞氏"条件，类似做法见 Schmitt-Grohe 和 Uribe(2003，2.1.7 节)。利率溢价正向取决于 $a_t^i = \dfrac{A_t^i}{P_t^i\overline{Y}^i}$，表示 i 国私人部门的实际负债水平，$\overline{Y}^i$ 是 i 国产出的稳态值。

　　一个家庭面临的利率溢价取决于该国所拥有的总私人资产(或当地金融条件)，而不是家庭的私人金融头寸。因此，鉴于各家庭的消费决策，其各自承担利率溢价(原子数假设)。由于将对模型求导，稳态时只有 ψ 值和其一阶偏导数会影响模型变动。我们令 $\psi(0)=0$ 且 $\dfrac{\partial \psi(x)}{\partial x}\bigg|_{x=0}$ >0，所以持有负债和资产均需向金融中介支付费用，且费用随着负债增加而增加，如图 2.1 所示。

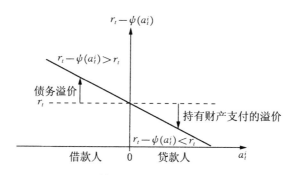

图 2.1　持有负债或资产支付的溢价

　　在总体层面，如果 i 国是借款人(即 $A_t^i \leqslant 0$)，本国居民则需对自身负债支付利率溢价 $\psi(a_t^i)$。当 i 国是贷款人时，则贷款收益率会因需扣除金融中介费用而减少 $\psi(a_t^i)$。

　　劳动供给决策

　　与消费品一样，我们用迪克西特—斯蒂格利茨函数加总劳动力。与消费品不同的是，劳动力无法流动，不能进口或出口。因此，劳动力与工资之间的关系类似于消费品与价格的关系。θ_w^i 表示劳动力替代弹性。家庭决定劳动力供给。就业代理机构将工人分配到企业，并设定劳动时间和小时工资，类似 Erceg、Henderson 和 Levin(2000)所述。劳动总需求与各家庭劳动供给之间的关系如下：

$$L^i(\tau, t) = \left(\frac{w^i(\tau, t)}{w_t^i}\right)^{-\theta_w^i} L_t^i \qquad (2.19)$$

工资设定

我们假设存在工资黏性，参数 ξ_w^i 表示每期工资无法调整的概率。根据参数 γ_i，工资会基于过去消费价格的通胀情况，进行部分指数化调整。家庭求解如下方程组：

$$\max_{\widetilde{w}^i(\tau, t), \widetilde{L}^i(\tau, t, T)} E_t \sum_{t=T}^{\infty} (\xi_t^i \beta)^{T-t} \left(\frac{(C^i(\tau, T) - h_c^i C_{T-1}^i)^{1-\sigma_c^i}}{1-\sigma_c^i} - \right.$$

$$\left. \kappa \frac{(\widetilde{L}^i(\tau, T) - h_l^i L_{T-1}^i)^{1+\sigma_l^i}}{1+\sigma_l^i}\right) \qquad (2.20)$$

约束条件为：

$$L^i(\tau, t) = \left(\frac{w^i(\tau, t)}{w_t^i}\right)^{-\theta_w^i} L_t^i \qquad (2.21)$$

$$A^i(\tau, T) = \left[1 + r_{t-1} - \psi\left(\frac{A_{t-1}^i}{P_{t-1}^i \overline{T}^i}\right)\right] A^i(\tau, t-1) + w^i(\tau, t) L^i(\tau, t)$$

$$- CPI_t^i(1 + v_t^{c, i}) C^i(\tau, t) + B_t^i \qquad (2.22)$$

$$\widetilde{w}^i(\tau, t, T) = \widetilde{w}^i(\tau, t) \prod_{j=t}^{T-1} (\Pi_j^{c, i}) \gamma_i = \widetilde{w}^i(\tau, t) \Xi_{w, t}^{T-1} \quad (2.23)$$

$\widetilde{w}^i(\tau, t)$ 是家庭 τ 在 t 时期的最优工资，$\widetilde{w}^i(\tau, t, T)$ 是当 t 至 T 期工资不重设时，家庭 τ 在 T 时期的工资。$\widetilde{L}^i(\tau, t)$ 和 $\widetilde{L}^i(\tau, t, T)$ 是相应的劳动需求。γ_i 是基于过去通胀水平的指数化工资参数，$\Xi_{w, t}^{T-1}$ 表示 $\Pi_{j=t}^{T-1}(\Pi_j^{c, i})\gamma_i$。

对于约束函数，我们可求得如下偏导数：

$$\frac{\partial \widetilde{L}^i(\tau, t, T)}{\partial \widetilde{w}^i(\tau, t)} = -\theta_w^i \left(\frac{\widetilde{w}^i(\tau, t) \Xi_t^{T-1}}{w_T^i}\right)^{-\theta_w^i} \frac{L_T^i}{\widetilde{w}^i(\tau, t)} \qquad (2.24)$$

$$\frac{\partial \widetilde{w}^i(\tau, t, T) \widetilde{L}^i(\tau, t, T)}{\partial \widetilde{w}^i(\tau, t)} = (1-\theta_w^i)\Xi_t^{T-1}\left(\frac{\widetilde{w}^i(\tau, t)\Xi_t^{T-1}}{w_T^i}\right)^{-\theta_w^i}L_T^i$$

$$(2.25)$$

因此，一阶导条件为：

$$0 = E_t\sum_{T=t}^{\infty}(\xi_w\beta)^{T-t}\left(\frac{\widetilde{w}^i(\tau, t, T)}{w_T^i}\right)^{-\theta_w^i}L_T^i\left[\left(\widetilde{L}^i(\tau, t, T)-h_l^i L_{T-1}^i\right)^{\sigma_l^i}\right.$$

$$\left.-\lambda_T\frac{1-\theta_w^i}{\kappa\theta_w^i}\widetilde{w}^i(\tau, t)\Xi_t^{T-1}\right]$$

$$(2.26)$$

$$0 = E_t\sum_{T=t}^{\infty}(\xi_w\beta)^{T-t}\widetilde{L}^i(\tau, t, T)\left[\left[\left(\frac{\widetilde{w}^i(\tau, t)\Xi_t^{T-1}}{w_T^i}\right)^{-\theta_w^i}L_T^i-h_l^i L_{T-1}^i\right]^{\sigma_l^i}\right.$$

$$\left.-\lambda_T\frac{1-\theta_w^i}{\kappa\theta_w^i}\widetilde{w}^i(\tau, t)\Xi_t^{T-1}\right]$$

$$(2.27)$$

$$\lambda_T = \frac{(C^i(\tau, T)-h_c^i C_{T-1}^i)^{-\sigma_c}}{CPI_T^i(1+v_T^{i, c})}$$ 是预算约束函数的拉格朗日乘数。

计算部分（稳态和求导）将在下节详细阐述。

2.1.3　企业

我们假设企业雇佣一部分本国加总劳动力，因此 t 时期 i 国企业的劳动成本是 $w_t^i(1+v_t^{w, i})$。$v_t^{w, i}$ 是政府对企业征缴的工资税。各国内，企业 ε 运用如下技术生产差异化产品 $y^i(\varepsilon, t)$：

$$y^i(\varepsilon, t) = \zeta_t^i(L_t^i(\varepsilon))^\alpha$$

$$(2.28)$$

其成本为

$$w_t^i(1+v_t^{w, i})L_t^i(\varepsilon)$$

$$(2.29)$$

ζ^i 是 i 国的全要素生产率，是外生给定的。α 是生产技术参数。

价格设定

对于价格设定，我们假设每个国家有一个 Calvo 过程（Calvo，

1983)。企业 ε 以外生概率$(1-\zeta^i)$重设其产品价格。生产商知道他们产品的需求与价格之间的关系,并在约束条件下调整价格以最大化其预期利润。企业 ε 调整价格$\widetilde{P}^i(\varepsilon,t)$最大化预期利润,直到下一次价格设定:

$$\max_{\widetilde{P}^i(\varepsilon,t)} E_t \sum_{T=t}^{\infty} (\beta\xi^i)^{T-t}\lambda_T^i(\widetilde{P}^i(\varepsilon,t,T)\,\widetilde{y}^i(\varepsilon,t,T) - $$
$$w_T^i(1+v_T^{w,i})L^i(\varepsilon,t,T)) \tag{2.30}$$

约束条件为:

$$\widetilde{y}^i(\varepsilon,t,T) = \left(\frac{\widetilde{P}^i(\varepsilon,t,T)}{P_T^i}\right)^{-\theta_i}\varUpsilon_T^i \tag{2.31}$$

$$y^i(\varepsilon,t) = \zeta_t^i(L_t^i(\varepsilon))^\alpha \tag{2.32}$$

$$\widetilde{P}^i(\varepsilon,t,T) = \widetilde{P}^i(\varepsilon,t)\prod_{j=t}^{T-1}(\Pi_j^i)^{\gamma_i} = \widetilde{P}^i(\varepsilon,t)\Gamma_t^{T-1} \tag{2.33}$$

拉格朗日乘数为$\lambda_T^i = \dfrac{(C_T^i - hC_{T-1}^i)^{-\sigma_c}}{CPI_T^i}$,是 i 国消费的边际效用名义值。[①]$\widetilde{y}^i(\varepsilon,t,T)$是 T 期对 i 国 ε 企业的产品需求,产品价格在 t 时期被重设。γ_i 是基于过去通货膨胀的价格指数参数,Γ_t^{T-1} 表示$\prod_{j=t}^{T-1}\Pi_j^{i\,\gamma_i}$。因此当产品价格在 t 时期被重设时,$\widetilde{P}^i(\varepsilon,t,T) = \widetilde{P}^i(\varepsilon,t)\Gamma_t^{T-1}$ 是 T 时期 i 国 ε 产品的价格。注意 Π_t^i 是 i 国产品的通货膨胀水平,不同于消费价格指数 CPI_t^i 的通货膨胀水平,后者包含进口商品的通货膨胀情况。

我们可求得如下偏导数:

$$\frac{\partial\widetilde{y}^i(\varepsilon,t,T)}{\partial\widetilde{P}^i(\varepsilon,t)} = -\theta_i\left(\frac{\widetilde{P}^i(\varepsilon,t)\Gamma_t^{T-1}}{P_T^i}\right)^{-\theta_i}\frac{\varUpsilon_T^i}{\widetilde{P}^i(\varepsilon,t)} \tag{2.34}$$

---

①　家庭拥有企业,所以从逻辑上讲,它们的效用对定价很重要。

$$\frac{\partial \widetilde{P}^i(\varepsilon, t, T)\, \widetilde{y}^i(\varepsilon, t, T)}{\partial \widetilde{P}^i(\tau, t)} = (1-\theta^i)\Gamma_t^{T-1}\left(\frac{\widetilde{P}^i(\varepsilon, t)\Gamma_t^{T-1}}{P_T^i}\right)^{-\theta^i}\Upsilon_T^i$$

$$(2.35)$$

$$\frac{\partial L^i(\varepsilon, t, T)}{\partial \widetilde{P}^i(\varepsilon, t)} = \frac{\partial \widetilde{y}^i(\varepsilon, t, T)}{\partial \widetilde{P}^i(\tau, t)} \frac{\partial L^i(\varepsilon, t, T)}{\partial \widetilde{y}^i(\varepsilon, t, T)}$$

$$-\theta_i\left(\frac{\widetilde{P}^i(\varepsilon, t)\Gamma_t^{T-1}}{P_T^i}\right)^{-\theta_i}\frac{\Upsilon_T^i}{\widetilde{P}^i(\varepsilon, t)}$$

$$\frac{1}{\alpha}\left(\frac{\widetilde{y}^i(\varepsilon, t, T)}{\zeta_t^i}\right)^{\frac{1}{\alpha}}\frac{1}{\widetilde{y}^i(\varepsilon, t, T)} \qquad (2.36)$$

一阶导数条件是:

$$0 = \sum_{T=t}^{\infty}(\beta\xi^i)^{T-t}\lambda_T^i$$

$$\left[(1-\theta^i)\Gamma_t^{T-1}\left(\frac{\widetilde{P}^i(\varepsilon, t)\Gamma_t^{T-1}}{P_T^i}\right)^{-\theta^i}\Upsilon_T^i\right.$$

$$\left. -\theta_i\left(\frac{\widetilde{P}^i(\varepsilon, t)\Gamma_t^{T-1}}{P_T^i}\right)^{-\theta^i}\frac{\Upsilon_T^i}{\widetilde{P}^i(\varepsilon, t)}\frac{1}{\alpha}\left(\frac{\widetilde{y}^i(\varepsilon, t, T)}{\zeta_t^i}\right)^{\frac{1}{\alpha}}\frac{1}{\widetilde{y}^i(\varepsilon, t, T)}\right]$$

$$(2.37)$$

插入约束条件:

$$0 = \sum_{T=t}^{\infty}(\beta\xi^i)^{T-t}\lambda_T^i$$

$$\left[(1-\theta^i)\Gamma_t^{T-1}\left(\frac{\widetilde{P}^i(\varepsilon, t)\Gamma_t^{T-1}}{P_T^i}\right)^{-\theta^i}\Upsilon_T^i\right.$$

$$\left. -\frac{\theta^i}{\alpha}\left(\frac{\Upsilon_T^i}{\zeta_t^i}\right)^{\frac{1}{\alpha}}\frac{1}{\widetilde{P}^i(\varepsilon, t)}\left(\frac{\widetilde{P}^i(\varepsilon, t)\Gamma_t^{T-1}}{P_T^i}\right)^{-\frac{\theta^i}{\alpha}}\right] \qquad (2.38)$$

可整理为:

$$0 = \sum_{T=t}^{\infty} (\beta \xi^i)^{T-t} \lambda_T^i$$

$$\left[(1-\theta^i)\Gamma_t^{T-1} \left(\frac{\widetilde{P}^i(\varepsilon, t)\Gamma_t^{T-1}}{P_T^i} \right)^{-\theta^i} \Upsilon_T^i \right.$$

$$\left. - \frac{\theta^i}{\alpha} \left(\frac{\Upsilon_T^i}{\zeta_t^i} \right)^{\frac{1}{\alpha}} \frac{1}{\widetilde{P}^i(\varepsilon, t)} \left(\frac{\widetilde{P}^i(\varepsilon, t)\Gamma_t^{T-1}}{P_T^i} \right)^{-\frac{\theta^i}{\alpha}} \right] \quad (2.39)$$

剩余计算(稳态和求导)将在下面章节详细阐述。

红利再分配

企业不能储蓄或投资,因此它们将利润再分配给家庭。这种分配可以被认为是支付给雇员或股东的红利 B_t^i,如果为负值,则类似于企业的资产重组,

$$B_t^i = P_t^i \Upsilon_t^i - w_t^i (1 + v_t^{w, i}) L_t^i \quad (2.40)$$

稳态时企业获得零利润,红利为零。

2.1.4　市场出清

每期两国市场均出清:

$$\Upsilon_t^i = C_{i,t}^i + C_{i,t}^j + G_t^i \quad (2.41)$$

用值表示为:

$$P_t^i \Upsilon_t^i = P_t^i C_{i,t}^i + P_t^j C_{j,t}^i + P_t^i G_t^i + P_t^i C_{i,t}^j - P_t^j C_{j,t}^i \quad (2.42)$$

可整理为如下:

$$P_t^i \Upsilon_t^i = CPI_t^i C_t^i + P_t^i G_t^i + P_t^i X_t^i - P_t^j M_t^i \quad (2.43)$$

X_t^i 是以本国商品价格出口卖给 j 国的商品。同理,M_t^i 是以价格 P_t^j 从 j 国进口的商品。因为外国商品需求均来自家庭,我们可得

$$M_t^i = C_{j,t}^i = X_t^j \text{。}$$

2.1.5 货币当局、价格和通货膨胀

两国中央银行通过泰勒(Taylor, 1993)规则给两国设置同样的名义利率 R_t，名义利率是消费价格指数的平均通胀水平和平均产出缺口的函数。

$$R_t = R_{t-1}^{\rho} \Big(R^* \prod_{i=t-3}^{t} \Pi_i^{\frac{r_\pi}{4}} \Upsilon_t^{r_y} \Big)^{1-\rho} \tag{2.44}$$

$$\Pi_t = \frac{\overline{\Upsilon}_1}{\overline{\Upsilon}_1 + \overline{\Upsilon}_2} \Pi_t^{c,1} \frac{1+v_t^{c,1}}{1+v_{t-1}^{c,1}} + \frac{\overline{\Upsilon}_1}{\overline{\Upsilon}_1 + \overline{\Upsilon}_2} \Pi_t^{c,2} \frac{1+v_t^{c,2}}{1+v_{t-1}^{c,2}}$$ 是货币联盟消

费的平均通胀水平，$\gamma_t = \gamma_t^1 + \gamma_t^2$ 是货币联盟的总产出，R^* 是中央银行的目标利率。r_π 和 r_y 是泰勒规则内通货膨胀率和产出缺口的权重，ρ 是利率平滑参数。

2.1.6 财政当局

财政当局的一般方法

尽管上述模型的大部分分析借助了已有的开放经济 DSGE 文献，但是此部分政府模型的分析是原始特征之一。财政当局采取积极的财政政策，而不是规范性政策，因为本章(和下一章)的目标是要模拟欧洲经济与货币联盟内发生的财政政策互动，尤其是为缓解经济危机而出台的财政政策，并推断其对成员国的影响。[1]

与 DSGE 文献的主要区别在于政府行为不是由财政支出规则约

---

① 引用 Drazen(2000)的话："因此，积极政治经济学提出了这样一个问题：政治约束如何解释不同于最优政策的政策选择(以及经济结果)，以及这些政策将带来的结果。换句话说，社会在选择政策时所使用的机制，……，暗示结果往往会与一个善良的社会规划者的选择大相径庭。"因此，我们背离了一种规范的做法，即在货币联盟中制定出最优的财政政策。这可以通过让政府解决受不同经济主体约束的税收水平的拉姆齐(Ramsey)定理来实现。

束。相反,本模型假设政府最大化目标函数。不过,我们将比较本模型与受预算规则约束的模型的财政政策效果,受预算规则约束的模型考虑了公共负债对公共支出的反馈,见 Corsetti、Meier 和 Müller(2010)的第 2.5 节。

财政干预的三个渠道

政府可采用三种一次性措施促进经济增长:增加公共支出或减税(消费税和工资税)。政府可通过增加公共支出 G^i 直接刺激需求。政府采购只针对本国产品,如 Gali 和 Monacelli(2008),因此,i 国政府采购价格为 P_t^i,而不是 CPI_t^i。由于不考虑政府生产函数,政府不生产任何商品或雇用劳动力。通过这种简化,我们假设公共支出或消费也包括公共生产(公共服务、便利设施、行政管理等)。

同理,政府可降低家庭支付的消费税(增值税或增值税税率)$v^{c,i}$ 或企业支付的工资税 $v^{w,i}$。事实上在很长一段时期内,欧盟国家的税率水平十分稳定。根据欧盟委员会(2010)公布的欧盟统计局数据,2000—2010 年欧盟国家的平均增值税率波动幅度很小,介于 19.2%—20.2% 之间。2000—2008 年欧元区国家劳动力的平均隐性税率没有变化,占 GDP 的 34.4%。

因此,为了尽可能地模拟税收政策方面的事实,模型中,我们假设税收保持不变,且是外生的。但是,在危机时期,税率可能被政府外生调整,如一次性的特别财政刺激计划。

政府的目标函数

政府的目标是刺激国内生产和劳动力就业,是提供公共物品、服务以及个人消费品,如前所述,这些公共支出均嵌入变量 G 中。此外,假定政府总支出是持久的,因为国家福利系统不可能在一夜之间重塑,因此我们构建的政府目标函数,是具有内在惯性的公共支出 CES 函数。政府在公共预算约束下,通过调整支出 G,最大化目标函数:

$$\max_{G_t^i} E_0 \sum_{t=0}^{\infty} \beta^t \frac{(G_t^i - h_g^i C_{t-1}^i)^{1-\sigma_g^i}}{1-\sigma_g^i} \tag{2.45}$$

约束条件为：

$$PA_t^i = \left[1 + r_{t-1} - \psi^g \left(\frac{PA_{t-1}^i}{P_{t-1}^i \overline{\Upsilon}^i}\right)\right] PA_{t-1}^i + v_t^{w,\,i} w_t^i L_t^i + v_t^{c,\,i} CPI_t^i C_t^i - P_t^i G_t^i \tag{2.46}$$

PA_t^i 表示 i 国在 t 期末的名义公共资产(如果政府为借款人,则为负数)。注意原子数假设只适用于家庭,不适用于政府,后者受公共负债溢价 ψ^g 约束,而且政府消费习惯是内生的。这可得如下政府消费(支出)欧拉方程式:

$$E_t \beta \frac{(G_{t+1}^i - h_g^i G_t^i)^{-\sigma_g^i} + \beta h_g^i (G_{t+2}^i - h_g^i G_{t+1}^i)^{-\sigma_g^i}}{(G_t^i - h_g^i G_{t-1}^i)^{-\sigma_g^i} + \beta h_g^i (G_{t+1}^i - h_g^i G_t^i)^{-\sigma_g^i}}$$

$$\frac{1 + r_t - \psi^g \left(\frac{PA_t^i}{P_t^i \overline{\Upsilon}^i}\right) - \frac{PA_t^i}{P_t^i \overline{\Upsilon}^i} \psi^{g\prime} \left(\frac{PA_t^i}{P_t^i \overline{\Upsilon}^i}\right)}{\Pi_{t+1}^i} = 1 \tag{2.47}$$

公共资产运动法则为:

$$PA_t^i = \left[1 + r_{t-1} - \psi^g \left(\frac{PA_{t-1}^i}{P_{t-1}^i \overline{\Upsilon}^i}\right)\right] PA_{t-1}^i + v_t^{w,\,i} w_t^i L_t^i + v_t^{c,\,i} CPI_t^i C_t^i - P_t^i G_t^i \tag{2.48}$$

政府预算约束之负债控制

对政府而言,ψ^g 表示负债的边际成本(机理与第 2.1.2 节"私人资产动力"段落的私人部门描述一致)。

政府为负债(或资产)支付的费用使政府资产无法永久偏离其稳态。换一种说法,随着负债水平提高,融资成本将提高,主权债券息差给公共负债设置了隐性限制。该成本内置于政府行为中：它通过调整公共支出水平来控制负债水平。在欧元区主权债务危机的背景下，息差可理解为高于德国主权债券收益率的溢价。隐性负债赤字限制给政府财政赤字附加了间接限制，因此本模型设定与马斯特里赫特标准类似，马斯特里赫特标准指的是货币联盟各国赤字和负债上限（分别占GDP 的 3％和 60％）。

2.1.7　金融中介

正如 Schmitt-Grohe 和 Uribe(2003)所解释的，我们不能直接得到开放经济模型的均衡状态，但可通过一些模型假设实现，但通常没有微观基础（如设定习惯参数使消费对冲击的反应为驼峰形状）。为确保这种开放经济模型的平稳性，我们采用 Schmitt-Grohe 和 Uribe 的模型，构建其微观基础，在模型中引入一个简化的国际金融市场。金融中介可获得的私人和公共负债费用为 ψ 和 ψ^g，其对私人和公共负债的影响已在前面章节的家庭和财政当局模型中说明。

我们假设存在一个（私人或公共）资产的国际金融市场。在金融市场上，中介机构可向中央银行借款，并提供公共或私人信贷，反过来，也可向中介机构借款，并存入中央银行。通过金融中介，代理人购买其他代理人和政府的资产。中央银行与金融中介之间的融资利率由中央银行设定。金融中介向中央银行借入的现金总额为：

$$CN_t = -(A_t^1 + A_t^2 + PA_t^1 + PA_t^2) \qquad (2.49)$$

金融中介的营业收入、营业成本和利润为：

$$\text{营业收入} = -\sum_{i=1,2}\left[r_t - \psi\left(\frac{A_t^i}{P_t^i\overline{r}^i}\right)\right]A_t^i - \sum_{i=1,2}\left[r_t - \psi^g\left(\frac{PA_t^i}{P_t^i\overline{r}^i}\right)\right]PA_t^i$$

$$(2.50)$$

$$\text{营业成本} = r_t CN_t + \Xi(A_t^1, A_t^2, PA_t^1, PA_t^2) \quad (2.51)$$

$$\text{利润} = \sum_{i=1,2} \psi\left(\frac{A_t^i}{P_t^i \overline{T}^i}\right) A_t^i + \sum_{i=1,2} \psi^g\left(\frac{PA_t^i}{P_t^i \overline{T}^i}\right) PA_t^i - \Xi(A_t^1, A_t^2, PA_t^1, PA_t^2)$$

$$(2.52)$$

$r_t CN_t$ 是财务成本，$\Xi(A_t^1, A_t^2, PA_t^1, PA_t^2)$ 是中介费用和管理费用。我们假设国际金融市场为完全竞争市场，中介费用和管理费用使得金融中介的利润为零。[①] 金融中介机构不会重复注入现金到货币联盟经济活动中。因此，金融市场的发展不会影响经济系统的其余部门。因此，模型中金融中介最优规划无须排除。例如，我们可以假设金融交易完全在货币联盟外进行，如在英格兰或在瑞士。而且，我们假设每期金融中介均出清与中央银行的头寸，因此可得：

$$CN_t = -(A_t^1 + A_t^2 + PA_t^1 + PA_t^2) = 0 \quad (2.53)$$

最后一个假设是，在均衡状态，货币联盟内的私人和公共负债或资产相互出清。这是个限制性条件，它类似于银行间隔夜拆借市场，银行根据中央银行设定的再融资利率进行放贷或借款，使银行每日出清对中央银行的头寸。这可以确保债务市场实现瓦尔拉斯（Walrassian）均衡，即，四分之三资产（两国的公共和私人资产）的运动定律暗示了最后四分之一资产的运动定律（见第 2.2.1 节）。

2.2　稳态

2.2.1　特殊稳态的决定因素

根据模型，我们有如下四类资产调整：

[①]　金融中介与家庭或政府之间的契约内嵌于函数 ψ 和 ψ^g 中。本模型不考虑道德风险、违约或抵押。

$$PA_t^i = \left[1 + r_{t-1} - \psi^g \left(\frac{PA_{t-1}^i}{P_{t-1}^i \overline{T}^i}\right)\right] PA_{t-1}^i + v_t^{w,\,i} w_t^i L_t^i + v_t^{c,\,i} CPI_t^i G_t^i$$

$$(2.54)$$

$$A_t^i = \left[1 + r_{t-1} - \psi \left(\frac{A_{t-1}^i}{P_{t-1}^i \overline{T}^i}\right)\right] A_{t-1}^i + w_t^i L_t^i - CPI_t^i (1 + v_t^{i,\,c}) C_t^i + B_t^i$$

$$(2.55)$$

将公共与私人资产加总在一起，得到：

$$
\begin{aligned}
&A_t^1 + A_t^2 + PA_t^1 + PA_t^2 \\
&= (1 + r_{t-1})(A_{t-1}^1 + A_{t-1}^2 + PA_{t-1}^1 + PA_{t-1}^2) \\
&\quad + w_t^1 L_t^1 + B_t^1 - CPI_t^1 (1 + v_t^{1,\,c}) C_t^1 + w_t^2 L_t^2 \\
&\quad + B_t^2 - CPI_t^2 (1 + v_t^{2,\,c}) C_t^2 + v_t^{w,\,1} w_t^1 L_t^1 \\
&\quad + v_t^{c,\,1} CPI_t^1 C_t^1 - P_t^1 G_t^1 + v_t^{w,\,2} w_t^2 L_t^2 \\
&\quad + v_t^{c,\,2} CPI_t^2 C_t^2 - P_t^2 G_t^2 \\
&\quad - \psi\left(\frac{A_{t-1}^1}{P_{t-1}^1 \overline{T}^1}\right) A_{t-1}^1 - \psi\left(\frac{A_{t-1}^2}{P_{t-1}^2 \overline{T}^2}\right) A_{t-1}^2 \\
&\quad - \psi^g\left(\frac{PA_{t-1}^1}{P_{t-1}^1 \overline{T}^1}\right) PA_{t-1}^1 - \psi^g\left(\frac{PA_{t-1}^2}{P_{t-1}^2 \overline{T}^2}\right) PA_{t-1}^2 \qquad (2.56)
\end{aligned}
$$

整理得到：

$$
\begin{aligned}
A_t^1 + A_t^2 + PA_t^1 + PA_t^2 ={}& (1 + r_{t-1})(A_{t-1}^1 + A_{t-1}^2 + PA_{t-1}^1 + PA_{t-1}^2) \\
& + w_t^1 (1 + v_t^{w,\,1}) L_t^1 + B_t^1 + w_t^2 (1 + v_t^{w,\,2}) L_t^2 \\
& + B_t^2 - CPI_t^1 C_t^1 - CPI_t^2 C_t^2 - P_t^1 G_t^1 - P_t^2 G_t^2 \\
& - \psi\left(\frac{A_{t-1}^1}{P_{t-1}^1 \overline{T}^1}\right) A_{t-1}^1 - \psi\left(\frac{A_{t-1}^2}{P_{t-1}^2 \overline{T}^2}\right) A_{t-1}^2 \\
& - \psi^g\left(\frac{PA_{t-1}^1}{P_{t-1}^1 \overline{T}^1}\right) PA_{t-1}^1 - \psi^g\left(\frac{PA_{t-1}^2}{P_{t-1}^2 \overline{T}^2}\right) PA_{t-1}^2
\end{aligned}
$$

$$(2.57)$$

其中,最后四项是二阶项,因为在稳态中私人与公共资产等于零。之前的两个抵消了,这是经典的 GDP 分解式(即两国的总收入减去总需求)。加入一阶项和现金需求的定义,总收入为:

$$CN_t = (1 + r_{t-1})CN_{t-1} \tag{2.58}$$

假设两国私人、公共资产的初始或最终效用为 0,即 CN_0 或 CN_∞ 为 0,表明每期金融中介会出清与中央银行的头寸。

四种资产中的任意三种以及零现金需求的条件足以使金融市场形成独特稳态,并确定第四种资产。相反,诉诸四类资产的方程式会在模型中引入单位根[验证 $CN_0 = (1 + r_{t-1})CN_{t-1}$]。

2.2.2 稳态性质

在稳态下,我们假设不存在通货膨胀,且一价定律成立($\overline{T} = 1$),这使稳态中两国内和两国间所有价格(生产和消费)均相等。

此外,我们假定稳态中私人和公共资产等于零。如果一价定律在稳态中成立,则各国私人、公共消费如下[1]:

$$\overline{C}_1^1 = (1 - \alpha_1)\,\overline{C}^1 \tag{2.59}$$

$$\overline{C}_2^1 = \alpha_1\,\overline{C}^1 \tag{2.60}$$

$$\overline{C}_2^1 = \alpha_2\,\overline{C}^1 \tag{2.61}$$

$$\overline{C}_2^2 = (1 - \alpha_2)\,\overline{C}^2 \tag{2.62}$$

$$\overline{C}_1^2 = \overline{T}\,\overline{C}_2^1 \Rightarrow \alpha_1\,\overline{C}^1 = \alpha_2\,\overline{C}^2 \tag{2.63}$$

$$\overline{C}^1 = \overline{C}_1 \text{ 和} \overline{C}^2 = \overline{C}_2 \tag{2.64}$$

最后两个等式意味着,在稳态中,即使两国不对称,贸易差额仍为零,即进口等于出口,且满足多样化需求。

---

① $\bar{x}$ 是变量 x 的稳态值。

在稳态中,我们可得到市场出清方程:

$$\overline{\Upsilon}^1 = \overline{C}_1^1 + \overline{C}_1^2 + \overline{G}^1 \tag{2.65}$$

$$\overline{\Upsilon}^2 = \overline{C}_2^2 + \overline{C}_2^1 + \overline{G}^2 \tag{2.66}$$

$cy_i = \overline{C}_i / \overline{\Upsilon}_i$ 和 $gy_i = \overline{G}_i / \overline{\Upsilon}_i$ 表示各国私人和公共消费占 GDP 的比重,$\theta = \dfrac{\overline{\Upsilon}_1}{\overline{\Upsilon}_2}$ 是国家 1 和国家 2 的相对产出规模。因为各国消费不可能超过总产出,可以得到:

$$1 = cy_i + gy_i \tag{2.67}$$

$$\frac{\alpha_2}{\alpha_1} = \theta \frac{cy_1}{cy_2} \tag{2.68}$$

从生产函数我们可得:

$$\overline{\Upsilon}^i = (\overline{L}^i)^{1-\alpha} \tag{2.69}$$

根据价格菲利普斯(Phillips)曲线,有:

$$\overline{PPNR}^i (1 + \overline{v}^{c,\,i})(1 + \overline{v}^{w,\,i})\,\overline{L}^i = \alpha \frac{\theta_i - 1}{\theta_i} \overline{\Upsilon}^i (\overline{\zeta}^i)^{\frac{1}{\alpha}} \tag{2.70}$$

$\overline{PPNR}^i = \dfrac{w^i}{CPI^i (1 + \overline{v}^{c,\,i})}$ 是 i 国净收入的购买力。在稳态下,工资等于劳动的边际生产力。

工资报酬的菲利普斯曲线为:

$$\left(\overline{L}^i (1 - h_l^i)\right)^{\sigma_l^i} = \overline{\lambda} \frac{\theta_w^i - 1}{k \theta_w^i} \overline{w}$$

其中 $\overline{\lambda} = \left(\overline{C}^i (1 - h_c^i)\right)^{-\sigma_c^i} \overline{CPI} (1 + \overline{v}^{c,\,i})$ \tag{2.71}

拉格朗日乘数 $\overline{\lambda}$ 表示消费的边际效用。

可得:

$$\overline{PPNR}^i = \frac{k\theta_w^i}{\theta_w^i - 1} \frac{\left(\overline{L}^i(1-h_l^i)\right)^{\sigma_l^i}}{\left(\overline{C}^i(1-h_c^i)\right)^{-\sigma_c^i}} \tag{2.72}$$

因此 PPNR 使劳动边际负效用等于消费边际效用。

根据家庭预算约束,

$$\frac{\overline{PPNR}^i\,\overline{L}^i}{\overline{r}^i} = cy_i \tag{2.73}$$

也就是说因为稳态下红利为零,所以消费占 GDP 的比重等于工资占 GDP 的比重。

根据政府预算约束:

$$\overline{v}^{w,i}\,\frac{\overline{PPNR}^i\,\overline{L}^i(1+\overline{v}^{c,i})}{\overline{r}^i} + \overline{v}^{c,i}cy_i = gy_i \tag{2.74}$$

$$\overline{v}^{w,i}(1+\overline{v}^{c,i}) + \overline{v}^{c,i} = \frac{gy_i}{cy_i} \tag{2.75}$$

这意味着税收等于支出,且稳态下政府没有资产。我们可得到两种税率之间的关系:

$$\overline{v}^{w,i} = \frac{\overline{r}^i}{\overline{C}^i(1+\overline{v}^{c,i})} - 1 \tag{2.76}$$

根据家庭或政府的欧拉方程式,有:

$$\beta\,\frac{1+\overline{r}}{\overline{\Pi}_i^c} = \beta\,\frac{1+\overline{r}}{\overline{\Pi}_i} = \beta(1+\overline{r}) = 1 \tag{2.77}$$

根据泰勒规则有:

$$\overline{r} = \overline{r}^* \tag{2.78}$$

即稳态下,中央银行将利率设定在目标水平。

最后,根据红利可得:

$$\overline{r}^i = \overline{PPNR}^i (1 + \overline{v}^{c,\,i})(1 + \overline{v}^{w,\,i})\,\overline{L}^i \qquad (2.79)$$

这是 GDP 的定义，即总收入。

2.3　求导

2.3.1　商品加总

将第 2.1.1 节的关系式求导可得[①]：

$$\hat{C}_{1,\,t}^1 = \alpha_1\,\hat{T}_t + \hat{C}_t^1 \qquad (2.80)$$

$$\hat{C}_{2,\,t}^1 = (\alpha_1 - 1)\,\hat{T}_t + \hat{C}_t^1 \qquad (2.81)$$

$$\hat{C}_{1,\,t}^2 = (1 - \alpha_2)\,\hat{T}_t + \hat{C}_t^2 \qquad (2.82)$$

$$\hat{C}_{2,\,t}^2 = \alpha_2\,\hat{T}_t + \hat{C}_t^2 \qquad (2.83)$$

2.3.2　产出

生产

从第 2.1.3 节，我们求导得到：

$$\hat{r}_t^1 = \hat{\zeta}_t^1 + \alpha\hat{L}_t^1 \qquad (2.84)$$

$$\hat{r}_t^2 = \hat{\zeta}_t^2 + \alpha\hat{L}_t^2 \qquad (2.85)$$

需求

根据市场出清等式，我们得到

$$\hat{r}^1 = \frac{\overline{C}_1^1}{\overline{r}^1}\hat{C}_{1,\,t}^1 + \frac{\overline{C}_1^2}{\overline{r}^1}\hat{C}_{1,\,t}^2 + \frac{\overline{G}^1}{\overline{r}^1}\hat{G}_t^1 \qquad (2.86)$$

$$\hat{r}^2 = \frac{\overline{C}_2^1}{\overline{r}^2}\hat{C}_{2,\,t}^1 + \frac{\overline{C}_2^2}{\overline{r}^2}\hat{C}_{2,\,t}^2 + \frac{\overline{G}^2}{\overline{r}^2}\hat{G}_t^2 \qquad (2.87)$$

---

① $\hat{x}$ 是变量 x 与稳态值 $\overline{x}$ 的对数偏差。

定义 $\dfrac{\overline{C}_1^2}{\overline{\Upsilon}^1}=\alpha_2$ $\dfrac{\overline{C}^2}{\overline{\Upsilon}^1}=\alpha_2$ $\dfrac{\overline{C}^2}{\overline{\Upsilon}^2\theta}=\alpha_1 cy_1$，我们得到：

$$\hat{\Upsilon}^1=(1-\alpha_1)cy_1\hat{C}_{1,t}^1+\alpha_1 cy_1\hat{C}_{1,t}^2+gy_1\hat{G}_t^1 \tag{2.88}$$

$$\hat{\Upsilon}^2=\alpha_2 cy_2\hat{C}_{2,t}^1+(1-\alpha_2)cy_2\hat{C}_{2,t}^2+gy_2\hat{G}_t^2 \tag{2.89}$$

红利

由于稳态下利润和红利为零，因此我们推断在求导中，它们仅代表实际产出的小部分。红利等于产出减去工资和税金，即：

$$B_t^i=P_t^i\Upsilon_t^i-w_t^i(1+v_t^{w,i})L_t^i \tag{2.90}$$

在等式两边同时除以 P_t^i：

$$\frac{B_t^i}{P_t^i}=\Upsilon_t^i-w_t^i(1+v_t^{w,i})\frac{L_t^i}{P_t^i} \tag{2.91}$$

$$\frac{B_t^i}{P_t^i}=\Upsilon_t^i-w_t^i(1+v_t^{w,i})\frac{L_t^i}{P_t^i}\frac{(1+v_t^{c,i})CPI_t^i}{(1+v_t^{c,i})CPI_t^i} \tag{2.92}$$

将 $PPNR_t^i=\dfrac{w_t^i}{(1+v_t^{c,i})CPI_t^i}$ 和 $RPC_t^i=\dfrac{CPI_t^i}{P_t^i}$ 代入整理得：

$$\frac{B_t^i}{P_t^i}=\Upsilon_t^i-w_t^i(1+v_t^{w,i})\frac{L_t^i}{P_t^i}\frac{(1+v_t^{c,i})CPI_t^i}{(1+v_t^{c,i})CPI_t^i} \tag{2.93}$$

红利的求导方程式为：

$$\frac{B_t^i}{P_t^i\overline{\Upsilon}^i}=\hat{B}_t^i=\hat{\Upsilon}_t^i-\left(\widehat{PPNR}_t^1+\hat{L}_t^i+\frac{\overline{v}^{c,i}}{1+\overline{v}^{c,i}}\hat{v}_t^{c,i}+\frac{\overline{v}^{w,i}}{1+\overline{v}^{w,i}}\hat{v}_t^{w,i}+\widehat{RPC}_t^i\right)$$

$$\tag{2.94}$$

欧拉方程式

我们假设相比稳态下产出，私人和公共资产波动较小，即 $A_t^i/(P_t^i\overline{\Upsilon}^i)=\hat{A}_t^i$ 和 $PA_t^i/(P_t^i\overline{\Upsilon}^i)=\widehat{PA}_t^i$ 是一阶项。

家庭

模型的家庭欧拉方程为:

$$E_t\left[\beta\left(\frac{C_{t+1}^i - h_c^i C_t^i}{C_t^i - h_c^i C_{t-1}^i}\right)^{-\sigma_c^i} \frac{1 + r_t - \psi\left(\dfrac{A_t^2}{P_t^i \overline{\gamma}^i}\right)}{\Pi_{t+1}^{c,i} \dfrac{1 + v_{t+1}^{c,i}}{1 + v_t^{c,i}}}\right] = 1 \qquad (2.95)$$

围绕稳态产出,取对数并求导可得,注意 $\psi(0) = 0$:

$$1 = \beta \frac{1+\bar{r}}{\bar{\Pi}}\left(1 - \frac{\sigma_c}{1 - h_c}(\hat{C}_{t+1}^i - (1 + h_c)\hat{C}_t^i + h_c\hat{C}_{t-1}^i)\right)$$

$$\left(1 + \hat{r}_t - \psi\hat{A}^i - \hat{\Pi}_{t+1}^{c,i} - \frac{\bar{v}^c}{1 + \bar{v}^c}(\hat{v}_{t+1}^{c,i} - \hat{v}_t^{c,i})\right) \qquad (2.96)$$

我们简化稳态关系式,忽略二阶项得到:

$$\hat{C}_t^1 = \frac{\hat{C}_t^1 + 1}{1 + h_c} + \frac{h_c\hat{C}_{t-1}^1}{1 + h_c} - \frac{1 - h_c}{(1 + h_c)\sigma_c}\left[\hat{R}_t - \psi\hat{A}_t^1 - \hat{\Pi}_{t+1}^{c,1}\right.$$

$$\left. - \frac{\bar{v}^{c,1}}{1 + \bar{v}^{c,1}}(\hat{v}_{t+1}^{c,1} - \hat{v}_t^{c,1})\right] \qquad (2.97)$$

$$\hat{C}_t^2 = \frac{\hat{C}_t^2 + 1}{1 + h_c} + \frac{h_c\hat{C}_{t-1}^2}{1 + h_c} - \frac{1 - h_c}{(1 + h_c)\sigma_c}\left[\hat{R}_t - \psi\hat{A}_t^2 - \hat{\Pi}_{t+1}^{c,2}\right.$$

$$\left. - \frac{\bar{v}^{c,2}}{1 + \bar{v}^{c,1}}(\hat{v}_{t+1}^{c,2} - \hat{v}_t^{c,2})\right] \qquad (2.98)$$

根据 $\psi = \left.\dfrac{\partial\psi(x)}{\partial x}\right|_{x=0}$ 得到 $\psi(0) = 0$ 和 $\left.\dfrac{\partial\psi(x)}{\partial x}\right|_{x=0} > 0$。负债溢价费

用 ψ 和增值税率 $v^{c,i}$ 以同样的方式影响着消费和实际利率 $\hat{R}_t - \hat{\Pi}_{t+1}^{c,i}$,

也即家庭负担的实际利率。

政府

类似家庭欧拉方程式的处理方式,我们得到:

$$\hat{G}_t^1(1+h_g^1+\beta(h_g^1)^2)=\hat{G}_{t+1}^1(1+\beta h_g^1+\beta(h_g^1)^2)+h_g^1\hat{G}_{t-1}^1-\beta h_g^1\hat{G}_{t+2}^1$$
$$-\frac{(1-h_g^1)(1-\beta h_g^1)}{\sigma_g^1}(\hat{R}_t-2\psi^g\widehat{PA}_{t-1}^1-\hat{\Pi}_t^1)$$

$$(2.99)$$

$$\hat{G}_t^2(1+h_g^2+\beta(h_g^2)^2)=\hat{G}_{t+1}^2(1+\beta h_g^2+\beta(h_g^2)^2)+h_g^2\hat{G}_{t-1}^2-\beta h_g^2\hat{G}_{t+2}^2$$
$$-\frac{(1-h_g^2)(1-\beta h_g^2)}{\sigma_g^2}(\hat{R}_t-2\psi^g\widehat{PA}_{t-1}^2-\hat{\Pi}_t^2)$$

$$(2.100)$$

与私人消费一样,因为内在消费习惯参数 h_g,公共消费也是持久的。上式中设定 $\beta=0$,意味着消费习惯是外生形成的。政府的实际利率不同于家庭,因为其消费价格不同,政府只采购本国产品。同理,资产市场的家庭原子数假设对政府不成立,它们的负债溢价费用也不同(ψ 和 ψ^g)。比较欧拉方程式各项,可发现金融市场上政府的息差敏感度是家庭的两倍。

2.3.3　资产调整

同样,假设私人和公共资产的价格波动相比稳态产出波动小(即 $A_t^i/(P_t^i\bar{\gamma}^i)=\hat{A}_t^i$ 和 $PA_t^i/(P_t^i\bar{\gamma}^i)=\widehat{PA}_t^i$ 是一阶项),我们令 $\hat{A}_t^i=\dfrac{A_t^i}{\bar{\gamma}}$ 和

$\hat{B}_t^i=\dfrac{B_t^i}{\bar{\gamma}}$。

家庭

运用稳态关系式 $1+r=\beta$ 和 $\bar{w}^i\bar{L}^i=(1+\bar{v}^{c,i})\bar{C}^i$,对家庭预算约束方程求导可得:

$$\hat{A}_{t-1}^1=\beta\hat{A}_t^1-\beta\frac{\bar{C}^1}{\bar{\gamma}^1}(1+\bar{v}^{c,1})(\hat{w}_t^1-\bar{v}_t^{c,1}-\widehat{CPI}_t^1+\hat{L}_t^1-\hat{c}_t^1)-\beta\hat{B}_t^1$$

$$(2.101)$$

$$\hat{A}_{t-1}^2 = \beta\hat{A}_t^2 - \beta\frac{\overline{C}^2}{\overline{r}^2}(1+\overline{v}^{c,2})(\hat{w}_t^2 - \overline{v}_t^{c,2} - \widehat{CPI}_t^2 + \hat{L}_t^2 - \hat{c}_t^2) - \beta\hat{B}_t^2$$

$$(2.102)$$

运用 $\overline{PPNR}^i = \dfrac{\overline{w}^i}{\overline{CPI}^i(1+\overline{v}^{c,i})}$ 将参数 cy_i 定义为消费占 GDP 的

比重,得到:

$$\hat{A}_{t-1}^1 = \beta\hat{A}_t^1 - \beta cy_1(1+\overline{v}^{c,1})(\widehat{PPNR}_t^1 + \hat{L}_t^1 - \hat{c}_t^1) - \beta\hat{B}_t^1$$

$$(2.103)$$

$$\hat{A}_{t-1}^2 = \beta\hat{A}_t^2 - \beta cy_2(1+\overline{v}^{c,2})(\widehat{PPNR}_t^2 + \hat{L}_t^2 - \hat{c}_t^2) - \beta\hat{B}_t^2$$

$$(2.104)$$

因此,私人资产调整规律取决于净收入减去消费。

政府

同理,对于政府,我们有:

$$\widehat{PA}_{t-1}^1 = \beta\widehat{PA}_t^1 - \beta\Big((gy_1 - \overline{v}^{c,1}cy_1)(\widehat{PPNR}_t^1 + \hat{L}_t^1 + \hat{v}_t^{w,1}) +$$

$$\overline{v}^{c,1}cy_1\hat{c}_t^1 + (\overline{v}^{w,1}\overline{v}^{c,1} + \overline{v}^{c,1})cy_1\hat{v}_t^{c,1} - gy_1(\hat{G}_t^1 - \widehat{RPC}_t^1)\Big)$$

$$\widehat{PA}_{t-1}^2 = \beta\widehat{PA}_t^2 - \beta\Big((gy_2 - \overline{v}^{c,2}cy_2)(\widehat{PPNR}_t^2 + \hat{L}_t^2 + \hat{v}_t^{w,2}) +$$

$$\overline{v}^{c,12}cy_2\hat{c}_t^2 + (\overline{v}^{w,2}\overline{v}^{c,2} + \overline{v}^{c,2})cy_2\hat{v}_t^{c,2} - gy_2(\hat{G}_t^2 - \widehat{RPC}_t^2)\Big)$$

$$(2.105)$$

因此公共财富随着工资、劳动时间和消费的增加而增加,随着公共
支出和税收的下降而下降。

2.3.4　菲利普斯曲线

根据前面的章节,我们有:

$$0 = E_t \sum_{T_t}^{\infty} (\xi w \beta)^{T-t} \tilde{L}^i(\tau, t, T) \left[\left[\left(\frac{\tilde{w}^i(\tau, t) \Lambda_t^{T-1}}{w_T^i} \right)^{-\theta_w^i} L_T^i - h_l^i L_t^i \right]^{\sigma_l^i} - \lambda_T \frac{1-\theta_w^i}{\kappa \theta_w^i} \tilde{w}^i(\tau, t) \Lambda_t^{T-1} \right]$$

(2.106)

求导可得：

$$0 = \sum_{T=t}^{\infty} (\beta \xi_w^i)^{T-t}$$
$$\frac{-\theta_w^i \sigma_l^i}{1-h_l^i} \left\{ \hat{\delta \tilde{w}}_t + \widehat{PPNR}_t - \widehat{PPNR}_T + \frac{\bar{v}^{c,i}}{1+\bar{v}^{c,i}} (\hat{v}_t^{c,i} - \hat{v}_T^{c,i}) \right.$$
$$\left. - \sum_{j=t+1}^{T} (\hat{\Pi}_j^{c,i} - \gamma_w^i \hat{\Pi}_{j-1}^{c,i}) \right\}$$
$$+ \frac{\sigma_l^i}{1-h_l^i} (\hat{L}_T^i - h_l^i \hat{L}_{T-1}^i) + \frac{\sigma_c^i}{1-h_c^i} (\hat{C}_t^i T - h_c^i \hat{C}_{T-1}^i)$$
$$- \left[\hat{\delta \tilde{w}}_t + \widehat{PPNR}_t + \frac{\bar{v}^{c,i}}{1+\bar{v}^{c,i}} (\hat{v}_t^{c,i} - \hat{v}_T^{c,i}) - \right.$$
$$\left. \sum_{j=t+1}^{T} (\hat{\Pi}_j^{c,i} - \gamma_w^i \hat{\Pi}_{j-1}^{c,i}) \right]$$

(2.107)

得到：

$$0 = \sum_{T=t}^{\infty} (\beta \xi_w^i)^{T-t}$$
$$+ \frac{\sigma_l^i}{1-h_l^i} (\hat{L}_T^i - h_l^i \hat{L}_{T-1}^i) + \frac{\sigma_c^i}{1-h_c^i} (\hat{C}_T^i - h_c^i \hat{C}_{T-1}^i)$$
$$+ \frac{\theta_w^i \sigma_l^i}{1-h_l^i} \widehat{PPNR}_T + \left(\frac{\theta_w^i \sigma_l^i}{1-h_l^i} + 1 \right) \frac{\bar{v}^{c,i}}{1+\bar{v}^{c,i}} \hat{v}_T^{c,i}$$
$$- \left(\frac{\theta_w^i \sigma_l^i}{1-h_l^i} + 1 \right) \left[\hat{\delta \tilde{w}}_t + \widehat{PPNR}_t + \frac{\bar{v}^{c,i}}{1+\bar{v}^{c,i}} \hat{v}_t^{c,i} \right.$$

$$- \sum_{j=t+1}^{T} (\hat{\Pi}_j^{c,\,i} - \gamma_w^i \hat{\Pi}_{j-1}^{c,\,i}) \Big] \tag{2.108}$$

第 $t+1$ 期和 t 期差分可得：

$$0 = \frac{\sigma_l^i}{1-h_l^i}(\hat{L}_t^i - h_l^i \hat{L}_{t-1}^i) + \frac{\sigma_c^i}{1-h_c^i}(\hat{C}_t^i - h_c^i \hat{C}_{t-1}^i)$$

$$+ \frac{\theta_w^i \sigma_l^i}{1-h_l^i}\widehat{PPNR}_t + \left(\frac{\theta_w^i \sigma_l^i}{1-h_l^i} + 1\right)\frac{\overline{v}^{c,\,i}}{1+\overline{v}^{c,\,i}}\,\hat{v}_t^{c,\,i}$$

$$- \left(\frac{\theta_w^i \sigma_l^i}{1-h_l^i} + 1\right)\frac{1}{1-\beta\xi_w^i}\left[\hat{\delta\widetilde{w}}_t + \widehat{PPNR}_t + \frac{\overline{v}^{c,\,i}}{1+\overline{v}^{c,\,i}}\,\hat{v}_t^{c,\,i}\right]$$

$$+ \left(\frac{\theta_w^i \sigma_l^i}{1-h_l^i} + 1\right)\frac{\beta\xi_w^i}{1-\beta\xi_w^i}\left[\hat{\delta\widetilde{w}}_{t+1} + \widehat{PPNR}_{t+1} + \frac{\overline{v}^{c,\,i}}{1+\overline{v}^{c,\,i}}\,\hat{v}_{t+1}^{c,\,i}\right.$$

$$\left. + (\hat{\Pi}_{t+1}^{c,\,i} - \gamma_w^i \hat{\Pi}_t^{c,\,i})\right] \tag{2.109}$$

$$0 = \frac{\sigma_l^i}{1-h_l^i}(\hat{L}_t^i - h_l^i \hat{L}_{t-1}^i) + \frac{\sigma_c^i}{1-h_c^i}(\hat{C}_t^i - h_c^i \hat{C}_{t-1}^i) - \widehat{PPNR}_t$$

$$+ \left(\frac{\theta_w^i \sigma_l^i}{1-h_l^i} + 1\right)\left[\widehat{PPNR}_t + \frac{\overline{v}^{c,\,i}}{1+\overline{v}^{c,\,i}}\,\hat{v}_t^{c,\,i}\right]$$

$$- \left(\frac{\theta_w^i \sigma_l^i}{1-h_l^i} + 1\right)\frac{1}{1-\beta\xi_w^i}\left[\hat{\delta\widetilde{w}}_t + \widehat{PPNR}_t + \frac{\overline{v}^{c,\,i}}{1+\overline{v}^{c,\,i}}\,\hat{v}_t^{c,\,i}\right]$$

$$+ \left(\frac{\theta_w^i \sigma_l^i}{1-h_l^i} + 1\right)\frac{\beta\xi_w^i}{1-\beta\xi_w^i}\left[\hat{\delta\widetilde{w}}_{t+1} + \widehat{PPNR}_{t+1} + \frac{\overline{v}^{c,\,i}}{1+\overline{v}^{c,\,i}}\,\hat{v}_{t+1}^{c,\,i}\right.$$

$$\left. + (\hat{\Pi}_{t+1}^{c,\,i} - \gamma_w^i \hat{\Pi}_t^{c,\,i})\right] \tag{2.110}$$

$$0 = \frac{\sigma_l^i}{1-h_l^i}(\hat{L}_t^i - h_l^i \hat{L}_{t-1}^i) + \frac{\sigma_c^i}{1-h_c^i}(\hat{C}_t^i - h_c^i \hat{C}_{t-1}^i) - \widehat{PPNR}_t$$

$$+ \left(\frac{\theta_w^i \sigma_l^i}{1-h_l^i} + 1\right)\frac{1}{1-\beta\xi_w^i}(1-\beta\xi_w^i)\widehat{PPNR}_t$$

$$+ (1-\beta\xi_w^i)\frac{\overline{v}^{c,\,i}}{1+\overline{v}^{c,\,i}}\,\hat{v}_t^{c,\,i} - \hat{\delta\widetilde{w}}_t - \widehat{PPNR}_t - \frac{\overline{v}^{c,\,i}}{1+\overline{v}^{c,\,i}}\,\hat{v}_t^{c,\,i}$$

$$+ \beta \xi_w^i \left(\delta \hat{\tilde{w}}_{t+1} + \widehat{PPNR}_{t+1} + \frac{\overline{v}^{c,i}}{1 + \overline{v}^{c,i}} \hat{v}_{t+1}^{c,i} + (\hat{\Pi}_{t+1}^{c,i} - \gamma_w^i \hat{\Pi}_t^{c,i}) \right)$$

$$(2.111)$$

$$0 = \frac{\sigma_l^i}{1 - h_l^i} (\hat{L}_t^i - h_l^i \hat{L}_{t-1}^i) + \frac{\sigma_c^i}{1 - h_c^i} (\hat{C}_t^i - h_c^i \hat{C}_{t-1}^i) - \widehat{PPNR}_t$$

$$- \left(\frac{\theta_w^i \sigma_l^i}{1 - h_l^i} + 1 \right) \frac{1}{1 - \beta \xi_w^i} \left[\delta \hat{\tilde{w}}_t - \beta \xi_w^i \delta \hat{\tilde{w}}_{t+1} \right.$$

$$- \beta \xi_w^i \left(\widehat{PPNR}_{t+1} - \widehat{PPNR}_t + \frac{\overline{v}^{c,i}}{1 + \overline{v}^{c,i}} (\hat{v}_{t+1}^{c,i} - \hat{v}_t^{c,i}) \right.$$

$$+ (\hat{\Pi}_{t+1}^{c,i} - \gamma_w^i \hat{\Pi}_t^{c,i}) \Big]$$

$$(2.112)$$

Calvo 过程推导可得：

$$0 = \xi_w^i \left(\widehat{PPNR}_{t-1}^i - \widehat{PPNR}_t^i - (\hat{\Pi}_t^{c,i} - \gamma_w^i \hat{\Pi}_{t-1}^{c,i}) \right.$$

$$\left. - \frac{\overline{v}^{c,i}}{1 + \overline{v}^{c,i}} (\hat{v}_t^{c,i} - \hat{v}_{t-1}^{c,i}) \right) + (1 - \xi_w^i) \delta \hat{\tilde{w}}_t^i \qquad (2.113)$$

$$\delta \hat{\tilde{w}}_t^i = \frac{\xi_w^i}{1 - \xi_w^i} \left(\widehat{PPNR}_t^i - \widehat{PPNR}_{t-1}^i + (\hat{\Pi}_t^{c,i} - \gamma_w^i \hat{\Pi}_{t-1}^{c,i}) \right.$$

$$\left. + \frac{\overline{v}^{c,i}}{1 + \overline{v}^{c,i}} (\hat{v}_t^{c,i} - \hat{v}_{t-1}^{c,i}) \right)$$

$$(2.114)$$

因此工资的菲利普斯曲线为：

$$\widehat{PPNR}_t^i - \widehat{PPNR}_{t-1}^i + (\hat{\Pi}_t^{c,i} - \gamma_w^i \hat{\Pi}_{t-1}^{c,i}) + \frac{\overline{v}^{c,i}}{1 + \overline{v}^{c,i}} (\hat{v}_t^{c,i} - \hat{v}_{t-1}^{c,i}) =$$

$$\beta \left(\widehat{PPNR}_{t+1} - \widehat{PPNR}_t + \frac{\overline{v}^{c,i}}{1 + \overline{v}^{c,i}} (\hat{v}_{t+1}^{c,i} - \hat{v}_t^{c,i}) + (\hat{\Pi}_{t+1}^{c,i} - \gamma_w^i \hat{\Pi}_t^{c,i}) \right)$$

$$+ \frac{(1 - \beta \xi_w^i)(1 - \xi_w^i)}{\xi_w \left(\frac{\theta_w^i \sigma_l^i}{1 - h_l^i} + 1 \right)} \left[\frac{\sigma_l^i}{1 - h_l^i} (\hat{L}_t^i - h_l^i \hat{L}_{t-1}^i) + \right.$$

$$\left. \frac{\sigma_c^i}{1 - h_c^i} (\hat{C}_t^i - h_c^i \hat{C}_{t-1}^i) - \widehat{PPNR}_t \right]$$

$$(2.115)$$

因此,工资的通胀水平正向取决于未来预期通胀水平、过去通胀水平和税收。折旧因子 β 越大,工资通胀对未来通胀预期越敏感。价格调整的概率越高 $1-\xi^i$(即价格与工资越灵活),工资通胀对预期通胀越迟钝。同理,通胀正向取决于劳动需求和消费:家庭劳动愈多,工资愈高,消费也愈多。

价格

根据企业利润最大化方程式和一阶求导条件,我们可得:

$$
\begin{aligned}
0 = \sum_{T=t}^{\infty} (\beta \xi^i)^{T-t} \lambda_T^i \\
\left[
\begin{array}{l}
(1-\theta^i) \Gamma_t^{T-1} \left(\dfrac{\widetilde{P}^i(\varepsilon, t) \Gamma_t^{T-1}}{P_T^i} \right)^{-\theta^i} \Upsilon_T^i \\[2ex]
- \dfrac{\theta^i}{\alpha} \left(\dfrac{\Upsilon_T^i}{\zeta_t^i} \right)^{\frac{1}{\alpha}} \dfrac{1}{\widetilde{P}^i(\varepsilon, t)} \left(\dfrac{\widetilde{P}^i(\varepsilon, t) \Gamma_t^{T-1}}{P_T^i} \right)^{-\frac{\theta^i}{\alpha}}
\end{array}
\right]
\end{aligned}
\tag{2.116}
$$

同理,因为所有企业的方程式都相同,我们可知 $\widetilde{P}^i(\varepsilon, t)$ 与 ε 相互独立,价格的 Calvo 过程可得到:

$$
\widehat{\widetilde{\Pi}}^i(\varepsilon, t) = \frac{\xi^i}{1-\xi^i} (\hat{\Pi}_t^i - \gamma_i \hat{\Pi}_{t-1}^i)
\tag{2.117}
$$

将上式代入以上方程,对 t 期和 $t+1$ 期进行差分,我们得到价格的导数,即新凯恩斯菲利普斯(New-Keynesian Phillips)曲线:

$$
\hat{\Pi}_t^i - \gamma_i \hat{\Pi}_{t-1}^i = \beta(\hat{\Pi}_{t+1}^i - \gamma_i \hat{\Pi}_t^i) + \frac{(1-\beta \xi^i)(1-\xi^i)}{\xi^i} \frac{\alpha}{\alpha + \theta_i(1-\alpha)}
$$

$$
\left[\widehat{PPNR}_t^i + \widehat{RPC}_t^i + \frac{\bar{v}^{w,i}}{1+\bar{v}^{w,i}} \hat{v}_t^{w,i} + \frac{\bar{v}^{c,i}}{1+\bar{v}^{c,i}} \hat{v}_t^{c,i} - \frac{\hat{\zeta}_t^i}{\alpha} + \left(\frac{1}{\alpha} - 1 \right) \hat{\Upsilon}_t^i \right]
\tag{2.118}
$$

通胀正向取决于 i 国过去的通胀指数、未来通胀预期、相对价格、工资、税率和总产出,并负向取决于生产率。

2.3.5   货币政策、相对价格和通货膨胀

对泰勒规则求导得：

$$\hat{R}_t = \rho \hat{R}_{t-1} + (1-\rho)\left(\frac{r_\pi}{4}\sum_{i=t-3}^{t}\hat{P}i_i + r_y\hat{\Upsilon}_t\right) \tag{2.119}$$

货币联盟内通货膨胀和产出的加权平均值为：

$$\hat{P}i_t^c = \frac{\theta}{1+\theta}\hat{\Pi}_t^{c,1}\frac{1+v_t^{c,i}}{1+v_{t-1}^{c,i}} + \frac{1}{1+\theta}\hat{\Pi}_t^{c,2}\frac{1+v_t^{c,i}}{1+v_{t-1}^{c,i}} \tag{2.120}$$

$$\hat{\Upsilon}_t = \frac{\theta}{1+\theta}\hat{\Upsilon}_t^1 + \frac{\theta}{1+\theta}\hat{\Upsilon}_t^2 \tag{2.121}$$

通过定义相对价格：

$$\frac{P_t}{P_{t-1}} = \frac{CPI_{t-1}}{P_{t-1}}\frac{P}{CPI_t}\frac{CPI_t}{CPI_{t-1}} \tag{2.122}$$

我们得到：

$$\hat{\Pi}_t^1 = \widehat{RPC}_{t-1}^1 - \widehat{RPC}_t^1 + \hat{\Pi}_t^{c,1} \tag{2.123}$$

$$\hat{\Pi}_t^2 = \widehat{RPC}_{t-1}^2 - \widehat{RPC}_t^2 + \hat{\Pi}_t^{c,2} \tag{2.124}$$

贸易条件取决于两国通货膨胀差异：

$$\hat{T}_t = \hat{T}_{t-1} + \hat{\Pi}_t^2 - \hat{\Pi}_t^1 \tag{2.125}$$

2.3.6   模型决策顺序

我们可以借助图 2.2 总结模型决策顺序。在期初，冲击产生。然后，所有模型参与者在不同市场相互影响：中央银行设定利率，家庭和政府选择消费水平，企业设定生产水平，并与家庭协商工资和劳动力供给。最后，企业从利润中支付红利。家庭和政府持有期末资产，他们将在下期支付或收取利息（减去中介费用）。

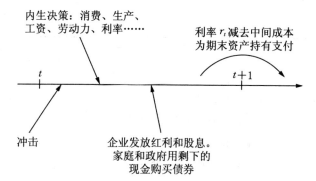

图 2.2　模型推进顺序

2.4　参数校正

我们校正模型如下：

表 2.1　参数校正

参　　数	描　　　　述	数值
α	生产技术参数	0.7
β	折旧因子	0.99
h_c^1, h_c^2	消费习惯形成	0.7
h_g^1, h_g^2	公共支出习惯形成	0.7
σ_c^1, σ_c^2	私人消费替代跨期弹性的倒数	1
σ_l^1, σ_l^2	费雪弹性的倒数	2
σ_g^1, σ_g^2	跨期弹性的倒数	1
κ	效用函数中劳动权重	见模型
α_1, α_2	进口份额	0.45
ξ_1, ξ_2	价格和工资调整的 Calvo 参数	0.75
γ_1, γ_2	基于过去通胀的价格和工资指数	
θ_1, θ_2	本国产品替代弹性，且劳动使价格和工资提价20%	6
ψ_1, ψ_2	家庭债务的金融溢价	0.05
ψ_1^g, ψ_2^g	政府债务的金融溢价	0.05

续表

参　数	描　　述	数值
$\overline{v}^{c,1}$, $\overline{v}^{c,2}$	对消费的征税	20%
$\overline{v}^{w,1}$, $\overline{v}^{w,2}$	对工资的征税	19%
r_π	中央银行对通货膨胀的反应	1.7
ρ	泰勒规则平滑参数	0.8
r_y	中央银行对产出缺口的反应	0.25
θ	经济规模比率 $\overline{Y}^1/\overline{Y}^2$	1
$\overline{C}^1/\overline{Y}^1 = cy_1$	私人消费占 GDP 的相对份额	0.7
$\overline{C}^2/\overline{Y}^2 = cy_2$		0.7
$\overline{G}^1/\overline{Y}^1 = gy_1$	政府支出占 GDP 的相对份额	$1-cy_1$
$\overline{G}^2/\overline{Y}^2 = gy_2$		$1-cy_2$

我们校正了一些经典参数，如折旧因子、习惯、货币政策和替代弹性（商品间替代弹性 θ，跨期替代弹性 σ_c，σ_g，弗里希弹性的倒数 σ_l），并采用欧元区季度数据进行估计［与 Smets 和 Wouters（2003）或 Ratto、Roeger 和 Int'Veld（2009），以及欧盟委员会（2001）类似］。对于私人消费、劳动和政府消费的习惯参数，我们采用 Darracq Pares、Adjemian 和 Moyen（2007）的做法，均设置为 0.7。

家庭 CES 效用函数的私人消费跨期替代弹性倒数 σ_c，决定替代效应和收入效应，以及减税如何影响产出和消费。我们令 $\sigma_c = 1$，这样财富效应和替代效应就相互抵消，因此，不同财政政策相对效应导致的结果偏误将可避免（下一章我们将讨论调整 σ_c 的相对值导致的政策和溢出效应差异）。

σ_l 值［在 Corsetti、Meier 和 Müller（2010）文中等于 2］，劳动供给的弗里希弹性倒数，反映了家庭对劳动供给和工资变化的敏感性，也影响不同货币联盟设置下财政政策的效果差异（在下一章详细说明）。

参数 α_i 表示私人消费的进口份额（间接地，表示各国经济开放度),在欧元区平均开放度被校正为 0.45。

θ 表示经济规模比率。在基准模型里国家是对称的,因此 θ 等于 1。

价格黏性由 ξ_i 表示,即 Calvo 参数。合约的平均期限为 $E=1/(1-\xi_i)$。为与其他文献保持一致,我们设定 $\xi_i=0.75$,表示价格合约期限为 1 年。

两国的两种税率均相互影响,以保证政府的预算约束处于稳态。我们设定消费税率为 20%,这与 2010 年欧盟的平均 VAT 税率一致。①基准模型中工资税率也约为 20%。

由于模型结构,一旦一国私人消费占 GDP 的比重(cy_i)被选定(与欧盟实际平均水平一致),那么通过关系式 $\dfrac{cy_1}{cy_2}=\dfrac{\alpha_2}{\alpha_1\theta}$,其他比率 $\dfrac{\overline{C}^2}{\overline{T}^2}$,$cy_2$,$\dfrac{\overline{G}^1}{\overline{T}^1}$,$gy_2$ 则都能确定,且 $cy_1+gy_2=cy_1+gy_2=1$,即各国私人消费占 GDP 比重加上公共消费占 GDP 比重等于 1。

参数 ψ_i 和 ψ_i^g 分别表示金融市场对家庭或政府负债或资产增加的反应。例如,如果家庭负债(资产)占 GDP 的比例增加 1%,金融中介的利率溢价将增加 5 个基点(反之则减少)。我们校正的公共(或私人)债券息差弹性大致模拟了 GDP 负债率和十年期国债对十年期德国国债息差的相对波动率。确实,1999—2007 年欧元区国家 GDP 负债率波动的标准差为 2.85(数据来源:欧盟统计局),而德国十年期国债息差波动率为 0.64。以年为单位,两者的比率是 0.22,因此我们用 0.05 作为季度参数。

除了 σ_c 和 σ_l(如前面章节所解释的),我们的结果并不完全取决于参数设置。例如,我们可以设置习惯(h,h^l,h^g)、价格和工资指数(γ_i)为零,并且使用规模报酬不变的生产函数,我们的模型将展示一些

---

① 2011 年欧元区的增值税处于 15% 至 23% 之间,卢森堡为 15%,芬兰、葡萄牙为 23%。

如下特征。

2.5 目标支出函数 vs.政府支出规则

为了模拟货币联盟内的财政政策,本模型的政府设定不同于标准模型(即政府在预算约束下,增加财政支出最大化目标函数,税收是外生给定的)。因此,本模型财政政策效果难以与其他模型比较。为保证结果的真实性,我们将财政变量对冲击的反应与那些受财政支出条例约束的模型[如 Corsetti、Meier 和 Müller(2010)]进行比较。他们的支出条例可表示如下:

$$\hat{G}_t^i = \psi_g \hat{G}_{t-1}^i + \psi_y \hat{\tau}_{t-1}^i + \psi_d \frac{PA_t^i}{P_{t-1}^i \bar{\tau}^i} + \varepsilon_t \qquad (2.126)$$

ψ_g,ψ_y,ψ_d 分别表示政府支出对过去政府支出水平的反应、政府支出对产出缺口的反应、政府支出对公共资产调整的反应。

我们令 $\psi_g = 0.7$,即政府支出的外部习惯参数为 0.7。Corsetti、Meier 和 Müller 的参数并不总是满足本模型的秩条件,本模型税率是不变的,而不是定额征收。我们提高公共支出对公共资产的敏感度以弥补税率不随公共资产增长而增长的事实($\psi_y = +0.15$ 而不是 0.02)。

图 2.3 中,我们绘制了国家 1 政府支出和政府资产对如下常见冲击的脉冲响应函数(impulse response function,IRF):

(i) 正 1% 的货币政策冲击;

(ii) 正 1% 的生产率冲击;

(iii) 1% 的跨期偏好冲击,即 β 增加 1%,折旧因子将影响家庭欧拉方程。

以及如下财政政策冲击:

（iv）政府支出增加 1%；

（v）增值税减少一个基点；

（vi）工资税减少一个基点。

不同曲线代表政府财政行为的模型选项如下：

政府支出由欧拉方程定义，无外生习惯形成，

政府支出由欧拉方程定义，有外生习惯形成，

根据 Corsetti、Meier 和 Müller 的建议，政府支出遵守如下条例（顺周期，$\psi_y = +0.04$），

根据 Corsetti、Meier 和 Müller 的建议，政府支出遵守如下条例（逆周期，$\psi_y = -0.04$），

根据 Corsetti、Meier 和 Müller 的建议，政府支出遵守如下条例（顺周期，$\psi_y = +0.2$），

根据 Corsetti、Meier 和 Müller 的建议，政府支出遵守如下条例（逆周期，$\psi_y = -0.2$）。

我们发现，不同模型对不同冲击的反应非常相似，货币政策冲击对资产的影响除外。和预期一样，习惯会使政府的反应更具黏性，并且对预算规则较敏感的话，反应程度会增加。

与直觉相反的是，设置顺周期或逆周期支出条例并没有使政府对各冲击的反应发生较大变化。唯一有所差别的是，当顺周期（或逆周期）增强时，公共支出对偏好冲击或政府支出冲击的反应会有所不同。

政府支出模型中，公共支出受到财政刺激冲击的影响略大，公共资产从扩张性政策中恢复更快速。得益于外部习惯的养成，财政政策效果在不同支出规则下非常相似。根据 Corsetti、Meier 和 Müller 的支出规则，政府支出和资产往往更持久，但当我们的公共支出模型设置的公共资产溢价较小时，政府反应更持久，这更接近 Corsetti、Meier 和 Müller 的规则。

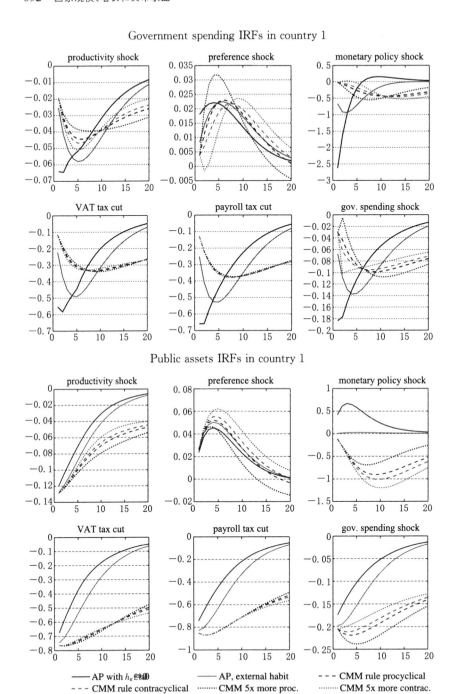

图 2.3　比较政府支出规则

根据我们的模型设定,我们观察到积极货币政策的冲击使公共资产增加。的确,随着利率上升,政府将减少债券发行。这一点上,Corsetti、Meier 和 Müller 的规则与我们的有所不同。我们认为这是主权债券对相关利率上升的反应,尤其在欧元区,政府无法将其债务货币化。因此,我们的财政当局模型更好地模拟了货币联盟的特征。

2.6 动态模型与财政政策:从封闭经济体到货币联盟

本节致力于借助封闭经济模型脉冲响应函数和对称货币联盟脉冲响应函数对模型变化进行分析。分析经济开放度,财政溢出效应和共同货币政策的影响,封闭经济模型可提供一个两国背景的基准或控制实验。

我们在封闭经济和货币联盟 1 国内生成以下传统冲击:

(i) 1% 的正面货币政策冲击;

(ii) 1% 的正面生产率冲击;

(iii) 1% 跨期偏好冲击,即 β 增加 1%,折旧因子影响家庭欧拉方程式。

此外,我们计算三种财政政策冲击的脉冲响应函数值:

(iv) 政府支出增加 1%;

(v) 增值税(VAT)减少一个基点;

(vi) 工资税减少一个基点。

所有冲击的自相关因子为 $\phi = 0.75$。模型反应均以偏离稳态值的标准差百分数表示。

2.6.1 封闭经济情形

封闭经济体内的经济冲击

图 2.4 显示了一国封闭模型下经济变量对 1% 货币、偏好和生产率

冲击的脉冲响应函数。该模型内货币政策可有力地传导到系统其余部门。确实,货币冲击对经济产生了严重的抑制作用,处于曲线底部处的产出和消费下降达 3%。因为加息使负债更加昂贵,CPI 通胀和政府支出均下降。其他冲击的影响较弱。生产率冲击主要是对红利和家庭资产产生正向影响,其他经济变量没有强烈反应,原因是生产率提高使

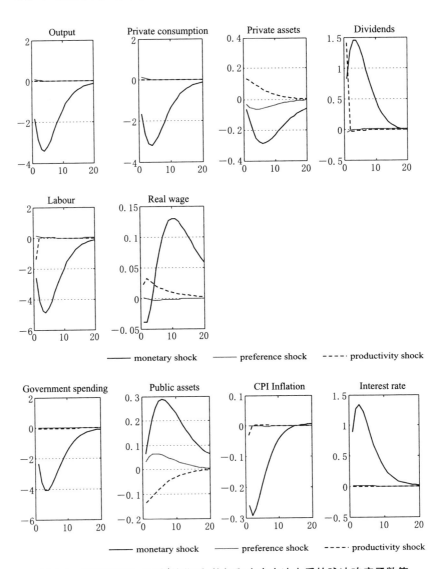

图 2.4　封闭经济体内 1% 的货币、偏好和生产力冲击后的脉冲响应函数值

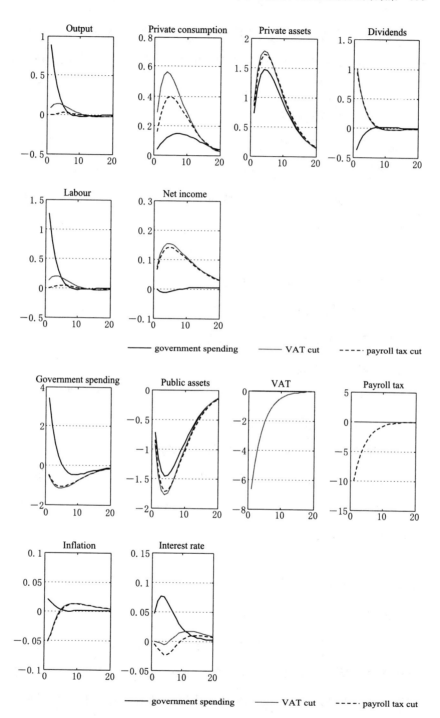

图 2.5 封闭经济体内 1% 的财政政策冲击后的脉冲响应函数值

家庭闲暇时间增加,劳动供给下降。同理,偏好冲击只对资产调整产生轻微影响,因为资产调整取决于跨期折旧因子,模型的其他部门大体上无变化。

封闭经济体内的政策冲击

政府支出均用于采购本国产品,推动产出(+1%)和劳动供给增加(因为模型中没有生产资本,所以工作时间随产出变化而变化)。进口无法完全弥补政府支出对家庭消费的挤出效应(仅+0.15%)。家庭储蓄额外的收入。通货膨胀受到中央银行控制。最后,随着政府支出的增加,公共资产变化将影响负债溢价带来的隐性负债限额。因为价格和工资的调节效应,减税(增值税减少+0.1%)对产出和劳动的影响较小。由于通货紧缩对价格的影响(直接影响增值税,间接影响工资税),使消费显著增加,在削减增值税时,尤为显著(+0.6%)。当政府支出与资产下降时,征税将减少。

经证明,封闭经济体内,政府支出是刺激产出最有效的措施,与预期一样,削减增值税使私人消费增幅最大。这些结果与Monacelli、Perotti和Trigari(2010)的经验分析一致。运用VAR模型,他们发现1%的支出冲击使欧盟各国GDP平均增长1%,减税1%使稳态产出增加0.2个百分点。他们也证实政府支出对通货膨胀的影响较小,积极的政府支出冲击使通货膨胀仅增加0.02%。

2.6.2 货币联盟情形

货币联盟内的经济冲击

发生货币政策冲击的情况下(见图2.6),两国均受到相同影响,因此在这种情况下,两国贸易不受影响。加息对产出、消费和公共支出均产生巨大的不利影响,导致CPI通胀下降。随着企业产品售价下降,雇用工人减少,就业率下滑。

　　国家 1 积极的生产率冲击(见图 2.7)推动产出、劳动力和消费增加,随着税收收入的飙升,财政巩固压力下降。这些扩张效应随着因工资增加、企业雇用工人减少而削弱,家庭储蓄增多。这种冲击对国家 2 产出产生不利影响,因为国家 1 更具价格竞争力,国家 2 的市场份额将下降。中央银行的反应是适度的:随着货币联盟内 CPI 通胀下降,利息也会下降,加剧国家 1 经济过热,但也将加速国家 2 经济反弹。可以说,中央银行恢复了货币联盟各国间的经济平衡。

　　国家 1 积极的偏好冲击(见图 2.8)具有更大的溢出效应,原因是两国产出受到的影响相同(峰值为 $+0.2\%$)。然而,其他变量变化则不尽相同;国家 1 的消费热潮是短暂的,国家 2 却是长期的,因为国家 2 的消费者没有改变他们的折旧因子。更确切地说,国家 1 家庭的耐心更少,因此当期内消费更多国外产品。结果,两国的劳动力需求均增加,而且由于国家 2 的工资不会下降,家庭可支配收入增加,消费也增加。最后,更高消费和劳动力供应转化为更多的税收收入,为公共支出和公共资产增加提供了资金。

　　货币联盟内的财政政策冲击

　　图 2.9 和图 2.10 比较了当国家 1 的政府支出增加 1%,增值税减少 1 个基点,工资税减少 1 个基点时,关键变量的脉冲响应函数。尽管代理对政府支出的动态进行了前瞻性预测,但没有预期未来税收情况,因此李嘉图效应(Ricardian effect)不起作用:冲击给国家 1 的产出和消费带来正面影响(分别为 $+0.8\%$ 和 $+0.2\%$)。在封闭经济情况下,政府支出增加会提高国内产出和劳动力,但挤出了国内消费,使其部分地转向进口(取决于国家 1 的经济开放度 α_i)。总需求增加推高国内外商品的相对差价,因此对国家 2 而言,具有短暂的贸易优势。中央银行通过小幅提高利率来应对货币联盟产出和 CPI 通胀变化。国家 2 产出小幅度增加,表明货币联盟内存在积极的财政溢出效应。国家 1 的经济

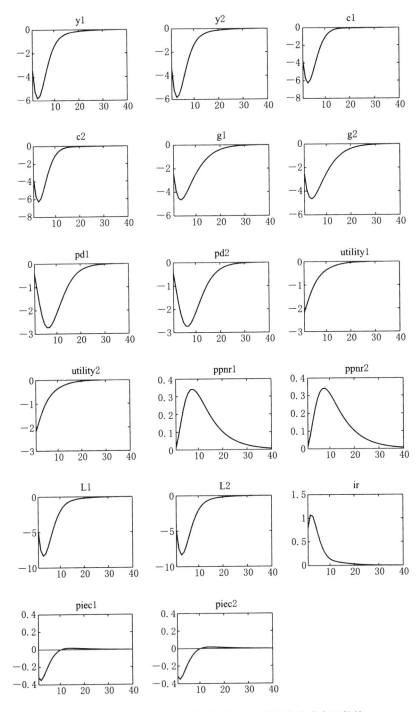

图 2.6 货币联盟内 1% 的货币政策冲击后的脉冲响应函数值

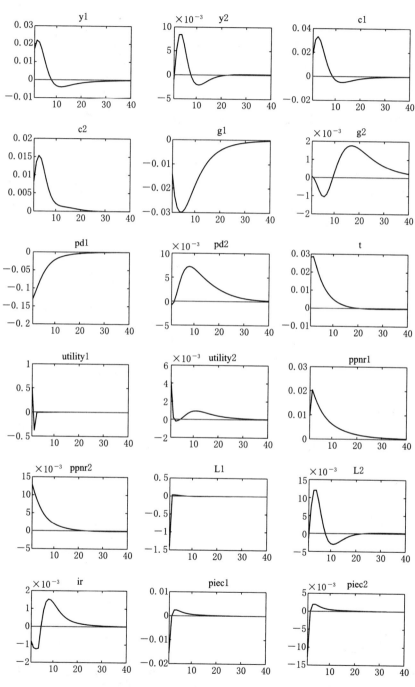

图 2.7　国家 1 1% 的生产力冲击后的脉冲响应函数值

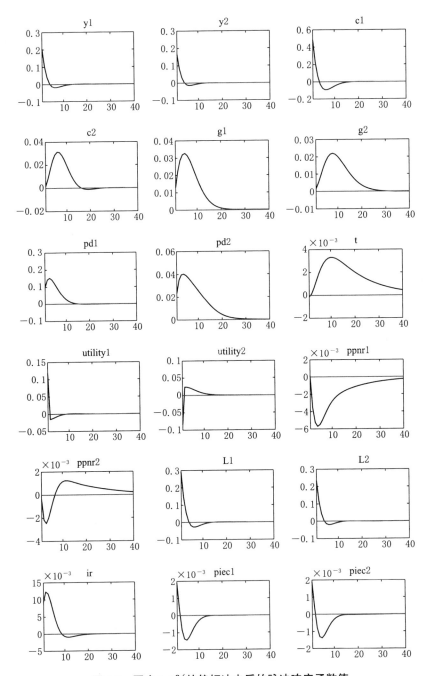

图 2.8 国家 1 1%的偏好冲击后的脉冲响应函数值

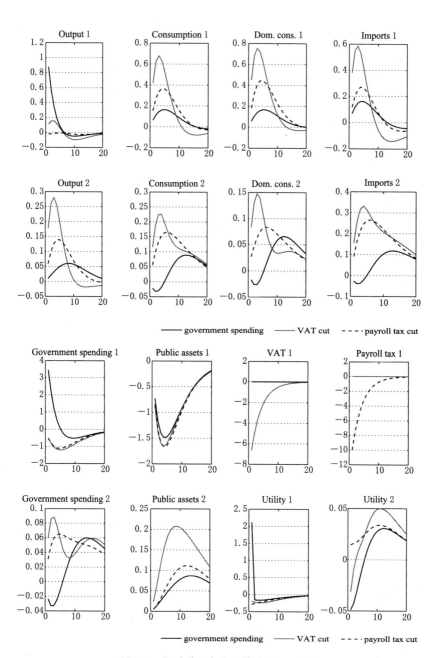

图 2.9 货币联盟内的政策冲击 **1/2**

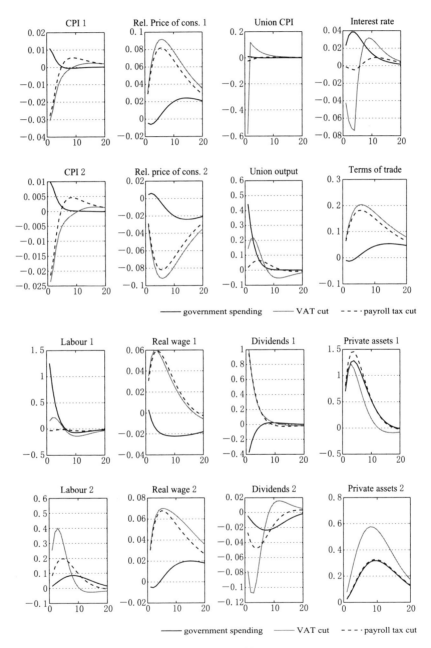

图 2.10　货币联盟内的政策冲击　　2/2

扩张会受到国家 2 反应的影响,因此溢出效应较小(偏离稳态产出+0.05％个标准差),只能通过第二轮效应实现;利率上升对国家 2 产生抑制作用;正如 Faia、Lechthaler 和 Merkl(2010)所言,货币联盟内缺乏汇率影响渠道,因此相对价格和工资产生的调整小于经典开放经济模型。

对于削减增值税和工资税,产出和消费的脉冲响应函数表现出类似特征。与政府支出增加相反的是,减税对本国产出的影响更微弱(+0.2％),但却通过相对价格和工资增加了邻国产出(削减增值税后,邻国 GDP 增加0.25％)。(如校准部分所述,此效应在很大程度上取决于跨期替代弹性σ_c 值。)因为商品价格相对较低,消费增加+0.4％至+0.6％。与纯粹的财政扩张引发产出和消费变化不同的是,现在的调整大部分是名义上的。由于额外的名义效应,当政府减税时,贸易条件将进一步恶化。

同样,减税使政府产生通货紧缩,这反过来影响家庭消费与闲暇时间的权衡决策。由于国家 1 降低工资税,劳动力成本下降,国家 2 进口增加,引致需求拉动型通货膨胀,导致价格和工资上涨。减税的第二轮影响不会刺激生产(被劳动力调整抵消)。

公共支出和减税对政府产生不同影响。由于税收减少,为满足预算约束,本国政府将减少支出,而邻国则税收增加(通过消费和劳动),并有能力增加财政支出。削减增值税的财政基数占 GDP 的 75％(稳态下的消费),而工资税的财政基数为 100％(总收入等于总产出,即稳态时的工资总额)。这解释了为什么工资税下降会引发公共资产、政府支出和利率的大幅调整。减税引发的通货紧缩压力,导致利率向下调整的幅度也大于工资税。

我们可以简要评估开放度对财政政策的影响。国际贸易开放产生溢出效应:相比封闭经济,政府支出增加 1％,使开放经济体产出增加 0.2％。这不适用于消费,因为进口会弥补政府的挤出效应。开放经济下,减税对本国产出和消费的影响比封闭经济略大，因为这给本国带来了价格竞争优势。更多的有效需求和适度的政府支出（＋0.05％），使邻国产出能从减税中受益（高达 0.25％）。因此，开放经济下，财政政策对本国产出也有着同样的影响。但是，这会在财政政策实施国和其贸易伙伴间产生策略性不对称问题。在下一章中，我们将更深入地分析这些溢出效应。

比较相关研究的财政乘数

通常，实证研究强调政府支出增加对产出的短期积极影响，但在财政乘数大小上尚无共识。与 Kumhof、Muir、Freedman、Mursula、Erceg、Furceri、Lalonde、Linde、Mourougane、Roberts、Snudden、Trbandet、Coenen、Laxton、deResende、Roeger 和 intVeld（2010）对比，我们模型对政府支出和减税的模拟结果类似。Mountford 和 Uhlig（2009）发现，在美国 1％的赤字支出对产出的影响介于＋0.6％和 1.4％之间，但与我们结果相反的是，他们发现减税效应更好，介于 2％和 5％之间。Christiano、Eichenbaum 和 Rebelo（2009）表明，不引发利率调整时，增加政府支出的财政乘数效应较大。但是，在我们模型中，货币联盟内较高的公共支出将产生通胀压力，必然导致利率调整。就财政政策对消费的影响而言，Mountford 和 Uhlig（2009）或 Cwik 和 Wieland（2009）发现由于财政扩张的挤出效应和加税预期，产出对赤字性支出几乎无反应。尽管，我们的理论模型也考虑了挤出效应，但没有考虑对未来加税的预期。

结 论

本章详细介绍了两国货币联盟微观模型，说明了经济规模和开放度各异的两国内不同财政政策的影响。本模型研究了，当中央银行围绕货币联盟产出和通货膨胀设定利率时，不同经济规模和开放度对两国贸易流通和货币政策的影响。为更好地模拟货币联盟各国在危机期间的现实政策，本模型财政当局的假设不同于传统的新凯恩斯主义模型。政府在预算约束下，增加支出水平，最大化目标函数。在理性预期下，模型参与人会预期政府的正常行动或支出，但无法预期一次性的财政刺激计划。

由于欧洲经济与货币联盟成员国长期忽视《稳定与增长公约》准则，因此，没有严格的财政支出条例，只有对赤字和负债的"宽松"限制。此限制由私人和公共部门资产形成的负债溢价强制执行，使债务成本随负债水平上升而上升，同样也确保了模型的平稳性。通过清算每期金融中介对中央银行的头寸来实现一种特殊均衡。

模型中，脉冲响应函数展示了发挥作用的传导机制和财政政策效果。首先，在封闭经济体内，没有溢出效应，因此财政措施的财政乘数效应更大。政府支出的财政乘数大于减税，是因为消费的首轮效应是直接的，而减税的效应要通过价格调节。其次，在两国模型中，相比消费和削减工资税，政府支出增加更能刺激本国生产。因为公共消费只针对本国产品，政府支出增加对国内产出有直接的一对一的影响。政府支出产生了挤出效应，导致部分消费改向进口，而减税对相对价格竞争力的名义影响更大。所以，减税时两国间的价格竞争和贸易竞争抵消了财政刺激的影响。

下一章将进一步分析货币联盟内财政政策的影响。开发的模型将用于财政政策情景模拟，重点分析经济衰退后，经济规模不同的两国间的财政溢出效应。

第 3 章　国家规模的重要性：危机期间的财政政策及其在欧洲经济与货币联盟的溢出效应*

摘　要

运用两国货币联盟微观模型（详情见第 2 章），两国均面临负债，在考虑各国经济规模、开放度和价格名义刚性差异的基础上，我们模拟危机期间政府的反应，即增加财政支出和减税，并比较评估其效果。我们发现，相比削减消费税或工资税，增加政府支出是刺激产出更有效的措施。同时，我们详细论述了这些政策在货币联盟内的跨境溢出效应，并解释了两国间的不对称将如何影响溢出效应。我们发现一国总是受益于邻国的财政刺激计划（增加公共支出或减税），尤其是小型开放国家。我们提出了策略性的不对称：本国（或政策制定国）增加公共支出将使产出和消费受益更多，但减税对邻国有更大的溢出效应。最后，我们认为在货币联盟内，相比增加政府支出，"内部货币贬值"是应对危机的一

---

* 本章与奥雷利安·普瓦索尼耶（Aurélien Poissonnier）合著。

种扩张效应较弱的供给方政策,它对邻国负债带来外部性(相比其他政策,平均而言,增加+0.5%的诱发性负债)。

引言

2008—2009 年的金融危机,以及随之而来的 2010—2011 年欧元区主权债务危机不断加剧,引发了人们对财政政策及其效果、成本,和高昂的经济刺激计划退出策略的新一轮研究。确实,欧元区政府面临着相互矛盾的政策压力。一方面,大范围的刺激计划用于提振消费和增长,不能过快退出,以免引发二次衰退。另一方面,为确保各国以欧元为计价单位的主权债券偿付,要求公共财政去杠杆,并遵守《稳定与增长公约》中设定的负债和赤字限制。

本章我们重点关注不同财政措施——增加公共支出或削减消费税、工资税——对本国的短期影响以及对其他货币联盟成员国的溢出效应。我们基于第 2 章详细介绍的新凯恩斯主义模型,围绕稳态求导,模拟危机后的财政刺激政策。考虑各国在经济规模、开放度和价格刚性方面的差异后,我们将看到这些差异如何影响各国经济和跨国财政溢出效应。

从联盟的角度来看,我们发现邻国总会受益于伙伴国的财政刺激措施(无论是增加公共支出还是减税)。削减消费税的跨国溢出效应更大。但是,我们将会看到,如果利率已经接近零下限,由于通货紧缩的影响,这种政策可能给中央银行制造难题。我们还将详细说明溢出效应如何取决于国家规模、开放度和价格刚性。最后,我们发现"内部贬值"作为货币联盟在危机期间的复苏政策,其效果不如增加公共支出,且不利于邻国公共财政。

关于各国异质性的影响,开放小国的溢出效应更大,这在较小程度上取决于价格刚性。例如,当大国增加公共支出时,小国将从大国的挤出效应中受益更多。或当大国减税时,央行下调利率的压力较大,小国则会受益于较低的实际利率。此外,如果小国价格和工资更灵活,小国可与大国进行价格竞争,并从大国减税中获得更大收益。

最后,我们发现,当开放小国控制公共财政时,"内部贬值"可能是恢复竞争力的可行政策,但也可能需承受邻国公共财政的负外部性影响。

本章结构如下:3.1 节,我们简化分析前文的两国货币联盟模型。对不同财政刺激政策(发生在模拟危机后)进行模拟,并在 3.2 节解释其影响。3.3 节专门分析非对称货币联盟内的跨国溢出效应。在得出主要结论之前,3.4 节评估"内部贬值"是否是货币联盟成员国可行的退出战略。

3.1　模型

为了清楚起见,此处我们详细说明简化版的货币联盟微观模型。其扩展模型及求导在前一章中已详细说明。①

3.1.1　商品总量

各国生产总量

我们假设货币联盟生产连续商品,总量为 1。国家 1 生产 $[0, n]$ 的商品,国家 2 生产 $[n, 1]$ 的商品,$0 < n < 1$。运用迪克西特—斯蒂格利茨加总,各国将本国生产汇总为一种本国商品,且两国商品替代弹性不

---

①　扩展模型包括对私人和公共消费的 CES 效用函数,劳动的负效用,私人消费和劳动的外部习惯形成,公共支出的内部习惯形成,基于过去通胀情况对价格和工资进行部分指数化调整,生产规模报酬递减。出于简化的目的,本章的 CES 效用函数取对数,生产规模报酬不变,价格和工资指数设为零。本模型一些模块的重复解释是为了能单独阅读。

同。这些假说可得如下关系，即对企业 (ε, i) 生产的商品需求与对国家 i $(\Upsilon_t^i)_{i=(1,2)}$ 生产的商品总需求之间的关系：

$$\Upsilon_t^1 = \left(\int_0^n y^1(\varepsilon, t)^{\frac{\theta_1-1}{\theta_1}} \, \mathrm{d}\varepsilon \right)^{\frac{\theta_1-1}{\theta_1}} \tag{3.1}$$

$$\Upsilon_t^2 = \left(\int_n^1 y^2(\varepsilon, t)^{\frac{\theta_2-1}{\theta_2}} \, \mathrm{d}\varepsilon \right)^{\frac{\theta_2-1}{\theta_2}} \tag{3.2}$$

θ_i 是 i 国的商品替代弹性。相应的生产价格指数为：

$$P_t^1 = \left(\int_0^n P^1(\varepsilon, t)^{1-\theta_1} \, \mathrm{d}\varepsilon \right)^{\frac{1}{1-\theta_1}} \tag{3.3}$$

$$P_t^2 = \left(\int_0^n P^2(\varepsilon, t)^{1-\theta_2} \, \mathrm{d}\varepsilon \right)^{\frac{1}{1-\theta_2}} \tag{3.4}$$

也是本模型的计价单位。加总价格、零售价格与产出之间的关系如下：

$$y^1(\varepsilon, t) = \left(\frac{P^1(\varepsilon, t)}{P_t^1} \right)^{-\theta_1} \Upsilon_t^1 \tag{3.5}$$

$$y^2(\varepsilon, t) = \left(\frac{P^2(\varepsilon, t)}{P_t^2} \right)^{-\theta_2} \Upsilon_t^2 \tag{3.6}$$

私人消费总量

两国家庭均能获得各国生产的汇总商品；国内和国外商品是部分可替代的。商品 i 的私人消费量为 $C_{i,t}$，表示两国对商品 i 的消费总量，不同于 i 国的私人消费量 C_t^i。我们能得到如下关系：

$$C_{i,t} = C_{i,t}^1 + C_{i,t}^2 \tag{3.7}$$

$$C_t^i = C_{1,t}^i + C_{2,t}^i \tag{3.8}$$

和

$$C_t^i = \frac{C_{i,t}^{i\,1-\alpha_i} C_{j,t}^{i\,\alpha_i}}{(1-\alpha_i)^{1-\alpha_i} \alpha_i^{\alpha_i}}, \tag{3.9}$$

C_t^i 是 i 国的私人消费量，$C_{j,t}^i$ 是 i 国私人部门消费的进口商品（进口商品即生产于 j 国的加总商品）。α_i 是 i 国的进口份额。相应的消费价格指数为：

$$CPI_t^i = P_t^{i\,1-\alpha_i}\, P_t^{j\,\alpha_i} \tag{3.10}$$

这种加总产生了本国商品需求、进口商品需求及其相对价格之间的关系：

$$C_{2,t}^i = \alpha_1 \left(\frac{P_t^1}{P_t^2}\right)^{1-\alpha_1} C_t^1 \tag{3.11}$$

$$C_{1,t}^1 = (1-\alpha_1)\left(\frac{P_t^2}{P_t^1}\right)^{\alpha_1} C_t^1 \tag{3.12}$$

$$C_{1,t}^2 = \alpha_2 \left(\frac{P_t^2}{P_t^1}\right)^{1-\alpha_2} C_t^2 \tag{3.13}$$

$$C_{2,t}^2 = (1-\alpha_2)\left(\frac{P_t^1}{P_t^2}\right)^{\alpha_2} C_t^2 \tag{3.14}$$

3.1.2　家庭

两国家庭（τ）在预算约束下，最大化跨期 CES 效用函数（预算约束取决于私人财产运动的递归法则）。

消费决策

家庭通过上述消费获得效用，劳动获得负效用。每个家庭提供差异化的劳动，并允许其协商工资。

因此，家庭求解如下方程：

$$\max_{C^i(\tau,t),\,A^i(\tau,t)} E_0 \sum_{T=0}^{\infty} \beta^t \left(\ln C^i(\tau,T) - \kappa L^i(\tau,T)\right) \tag{3.15}$$

约束条件为：

$$A^i(\tau, T) = \left[1 + r_{t-1} - \varphi\left(\frac{A^i_{t-1}}{P^i_{t-1}\overline{r}^i}\right)\right]A^i(\tau, t-1) + w^i(\tau, t)L^i(\tau, t)$$

$$- CPI^i_t(1 + v^{c,i}_t)C^i(\tau, t) + B^i_t \qquad (3.16)$$

E_0, β 分别是初期的期望值和折旧因子;$A^i(\tau, t)$ 是家庭 τ 在 t 时期结束时拥有的资产;ψ 是负债的利息溢价(其函数已在前文私人资产部分详细说明);$L^i(\tau, T)$ 是家庭 τ 的劳动供给,$w^i(\tau, t)$ 是其劳动所获得的工资。$v^{c,i}_t$ 是消费税或增值税,是政府财政支出 G^i_t 的部分资金来源。σ^i_l 是弗里希弹性的倒数。h^i_c, h^i_l 是消费和劳动的外部习惯参数。最后,B^i_t 是企业支付给股东或雇员的奖金或红利(如果是负值,则表示企业资产重组)。r_t 是联盟货币当局设定的利率。CPI^i_t 是 i 国消费价格指数,κ 是效用函数中劳动的权重。

所有家庭的欧拉方程式都相同:

$$E_t\left[\beta \frac{C^i_t}{C^i_{t+1}} \frac{1 + r_t - \varphi\left(\dfrac{A^i_{t-1}}{P^i_{t-1}\overline{r}^i}\right)}{\Pi^{c,i}_{t+1} \dfrac{1 + v^{c,i}_{t+1}}{1 + v^{c,i}_t}}\right] = 1 \qquad (3.17)$$

$\Pi^{c,i}$ 是国家 i 消费价格指数的通货膨胀水平。

私人资产调整

总预算约束为:

$$A^i_t = \left[1 + r_{t-1} - \varphi\left(\frac{A^i_{t-1}}{P^i_{t-1}\overline{r}^i}\right)\right]A^i_{t-1} + w^i_t L^i_t - CPI^i_t(1 + v^{i,c}_t)C^i_t + B^i_t$$

$$(3.18)$$

劳动供给决策

与消费品一样,我们用迪克西特—斯蒂格利茨函数加总劳动力。

与消费品不同的是,劳动力无法流动,不能进口或出口。因此,劳动与工资之间的关系类似于消费与价格。θ_w^i 表示劳动替代弹性。家庭决定劳动供给[就业代理机构分配工人到企业,并设定劳动时间和小时工资,见 Erceg、Henderson 和 Levin(2000)]。劳动总需求与家庭劳动供给之间的关系如下:

$$L^i(\tau,\ t)=\left(\frac{w^i(\tau,\ t)}{w_t^i}\right)^{-\theta_w^i}L_t^i \tag{3.19}$$

我们假设工资粘性,参数 ξ_w^i 表示每期工资无法调整的概率。家庭可与企业协商他们的净收入购买力,①

$PPNR_t^i=\dfrac{w_t^i}{CPI_t^i(1+v_t^{c,\ i})}$。求导可得如下工资菲利普斯曲线:

$$\widehat{PPNR_t^i}-\widehat{PPNR_{t-1}^i}+\hat{\Pi}_t^{c,\ i}+\frac{\overline{v}^{c,\ i}}{1+\overline{v}^{c,\ i}}(\hat{v}_t^{c,\ i}-\hat{v}_{t-1}^{c,\ i})=$$

$$\beta\left(\widehat{PPNR_{t+1}}-\widehat{PPNR_t}+\frac{\overline{v}^{c,\ i}}{1+\overline{v}^{c,\ i}}(\hat{v}_{t+1}^{c,\ i}-\hat{v}_t^{c,\ i})+\hat{\Pi}_{t+1}^{c,\ i}\right)$$

$$+\frac{(1-\beta\xi_w^i)(1-\xi_w^i)}{\xi_w^i}(\hat{C}_t^i-\widehat{PPNR_t}) \tag{3.20}$$

3.1.3 企业

我们假设企业雇佣一部分本国加总劳动力,因此 t 时期 i 国企业的劳动成本是 $w_t^i(1+v_t^{w,\ i})$。$v_t^{w,\ i}$ 是政府对企业征缴的工资税。各国 i 内,企业 ε 运用如下技术生产差异化产品 $y^i(\varepsilon,\ t)$:

$$y^i(\varepsilon,\ t)=\zeta_t^i\big(L_t^i(\varepsilon)\big)^\alpha \tag{3.21}$$

生产成本等于:

———————————

① 注意:$\hat{x}$ 是变量 x 与稳态值 $\overline{x}$ 的对数偏差。

$$w_t^i(1+v_t^{w,\,i})L_t^i(\varepsilon) \tag{3.22}$$

ζ^i 是 i 国的全要素生产率,是外生给定的。α 是生产技术参数。

价格设定

对于价格设定,我们假设各国均有一个 Calvo 过程。企业 ε 以外生概率$(1-\zeta^i)$重设其产品价格。生产商知道他们产品的需求与价格之间的关系,并在约束条件下调整价格以最大化其预期利润。企业 ε 设定价格$\widetilde{P}^i(\varepsilon,\,t)$最大化预期利润直到下一次价格调整:

$$\max_{\widetilde{P}^{i(\varepsilon,\,t)}} E_t\sum_{T=t}^{\infty}(\beta\xi^i)^{T-t}\lambda_T^i\big(\widetilde{P}^i(\varepsilon,\,t,\,T)\widetilde{y}^i(\varepsilon,\,t,\,T)$$
$$-w_T^i(1+v_T^{w,\,i})L^i(\varepsilon,\,t,\,T)\big) \tag{3.23}$$

约束条件为:

$$\widetilde{y}^i(\varepsilon,\,t,\,T)=\Big(\frac{\widetilde{P}^i(\varepsilon,\,t,\,T)}{P_T^i}\Big)^{-\theta i}\Upsilon_T^i \tag{3.24}$$

$$y^i(\varepsilon,\,t)=\zeta_t^i(L_t^i(\varepsilon))^{\alpha} \tag{3.25}$$

$\lambda_T^i=\dfrac{1}{CPI_T^i C_T^i}$ 为 i 国名义的边际消费效用函数。$\widetilde{y}^i(\varepsilon,\,t,\,T)$是 T 期对 i 国 ε 企业的产品需求,产品价格在 t 期被重设。

这得到了标准的新凯恩斯菲利普斯曲线的倒数:

$$\hat{\Pi}_t^i=\beta\hat{\Pi}_t^i+\frac{(1-\beta\xi^i)(1-\xi^i)}{\xi^i}$$
$$\Big[\widehat{PPNR}_t^i+R\hat{P}C_t^i+\frac{\overline{v}^{w,\,i}}{1+\overline{v}^{w,\,i}}\,\overline{v}_t^{w,\,i}+\frac{\overline{v}^{c,\,i}}{1+\overline{v}^{c,\,i}}\,\hat{v}_t^{c,\,i}-\hat{\zeta}_t^i\Big]$$
$$\tag{3.26}$$

$RPC^i=CPI_t^i/P_t^i$ 是 i 国消费生产相对价格。

$$RPC_t^1=\Big(\frac{P_t^2}{P_t^1}\Big)^{\alpha_1} \tag{3.27}$$

$$RPC_t^2 = \left(\frac{P_t^1}{P_t^2}\right)^{\alpha_2} \tag{3.28}$$

红利再分配

企业不能储蓄或投资,因此他们将利润再分配给家庭。这种分配可以被认为是支付给雇员或股东的红利 B_t^i,如果为负值,则类似于企业的资产重组,

$$B_t^i = P_t^i \Upsilon_t^i - w_t^i (1 + v_t^{w,\,i}) L_t^i \tag{3.29}$$

稳态时企业利润为零,红利也为零。

3.1.4 市场出清

每期两国市场均出清:

$$\Upsilon_t^i = C_{i,\,t}^i + C_{i,\,t}^j + G_t^i \tag{3.30}$$

也可写为如下形式:

$$P_t^i \Upsilon_t^i = CPI_t^i C_t^i + P_t^i G_t^i + P_t^i X_t^i - P_t^j M_t^i \tag{3.31}$$

X_t^i 是以本国商品价格出口卖给 j 国的商品。同理,M_t^i 是以价格 P_t^j 从 j 国进口的商品。因为对外国商品的需求来自于家庭,可得 $M_t^i = C_{j,\,t}^i = X_t^j$。

3.1.5 货币当局

中央银行通过泰勒(Taylor,1993)规则给两国设定共同的名义利率 R_t,名义利率根据去年消费价格指数[1]的平均通货膨胀情况和产出缺口作出调整。

---

① 对(包含增值税的)消费价格指数通胀作出反应也使中央银行对政府设定的增值税作出了反应。增值税增加确实有通胀效应。

$$R_t = R_{t-1}^{\rho} \left(R^* \prod_{i=t-3}^{t} \Pi_t^{\frac{r_\pi}{4}} \Upsilon_t^{r_y} \right)^{1-\rho} \tag{3.32}$$

$\prod_t = \dfrac{\overline{\Upsilon}_1}{\overline{\Upsilon}_1 + \overline{\Upsilon}_2} \Pi_t^{c,1} \dfrac{1+v_t^{c,1}}{1+v_{t-1}^{c,1}} + \dfrac{\overline{\Upsilon}_1}{\overline{\Upsilon}_1 + \overline{\Upsilon}_2} \Pi_t^{c,2} \dfrac{1+v_t^{c,2}}{1+v_{t-1}^{c,2}}$ 是货币联

盟消费的平均通货膨胀情况,$\gamma_t = \gamma_t^1 + \gamma_t^2$ 是货币联盟的总产出,R^* 是中央银行的目标利率。r_π 和 r_y 是泰勒规则内通货膨胀率和产出缺口的权重,ρ 是利率平滑参数。

3.1.6　财政当局

如第 2 章所述,政府可以采取三项财政措施:调整公共支出,调整增值税或工资税。在公共预算约束下,政府将利用公共支出,最大化它们的目标效用函数。

政府的目标函数

政府的目标是刺激国内生产和劳动力就业,是提供公共物品、服务以及个人消费品,如前所述,这些公共支出均嵌入变量 G 中。此外,假定政府总支出是持久的,因为国家福利系统不可能在一夜之间重塑,因此本模型的政府目标函数,是具有内在习惯形成的公共支出 CES 函数。此处分析的简化版本,目标函数是政府支出的对数。政府在公共预算约束下,调整支出 G,最大化目标函数:

$$\max_{G_t^i} E_0 \sum_{t=0}^{\infty} \beta^t \ln(G_t^i) \tag{3.33}$$

约束条件为:

$$PA_t^i = \left(1 + r_{t-1} - \psi^g \left(\frac{PA_{t-1}^i}{P_{t-1}^i \overline{\Upsilon}^i} \right) \right) PA_{t-1}^i + v_t^{w,i} w_t^i L_t^i + v_t^{c,i} CPI_t^i C_t^i - P_t^i G_t^i$$

$$\tag{3.34}$$

PA_t^i 表示 i 国在 t 期末的名义公共资产（如果政府为借款人，则为负）。注意原子数假设只适用于家庭，不适用于政府，后者受公共负债溢价 ψ^g 约束，且政府消费习惯是内生的。这可得出如下政府消费（支出）的欧拉方程式：

$$E_t\beta\frac{G_t^i}{G_{t+1}^i}\frac{1+r_t-\psi^g\left(\dfrac{PA_t^i}{P_t^i\,\overline{\gamma}^i}\right)-\dfrac{PA_t^i}{P_t^i\,\overline{\gamma}^i}\psi^{g'}\left(\dfrac{PA_t^i}{P_t^i\,\overline{\gamma}^i}\right)}{\Pi_{t+1}^i}=1$$

(3.35)

公共资产运动法则为：

$$PA_t^i=\left[1+r_{t-1}-\psi^g\left(\frac{PA_{t-1}^i}{P_{t-1}^i\,\overline{\gamma}^i}\right)\right]PA_{t-1}^i+v_t^{w,\,i}w_t^iL_t^i+v_t^{c,\,i}CPI_t^iC_t^i-P_t^iG_t^i$$

(3.36)

政府预算约束之负债控制

对政府而言，ψ^g 表示负债的边际成本。政府为负债（或资产）支付的费用使政府资产无法永久偏离稳态。换一种说法，随着负债水平提高，融资成本将提高，主权债券息差给公共负债设置了隐性限制。该成本内置于政府行为中：它通过调整公共支出水平来控制负债水平。在欧元区主权债务危机背景下，息差可理解为高于德国国债收益率的溢价。隐性负债赤字限制给政府财政赤字附加了间接限制，因此本模型设定与马斯特里赫特标准类似，马斯特里赫特标准指的是货币联盟各国赤字和负债上限（分别占 GDP 的 3％ 和 60％）。

3.1.7　金融中介

正如 Schmitt-Grohe 和 Uribe（2003）所解释的，开放经济模型的均衡状态不能直接获得，可通过一些模型假设实现，但通常没有微观基础(类似于习惯参数使消费对冲击的反应为驼峰形状)。为了在微观层面说明引入主权债券息差的合理性,我们将详细介绍如下金融市场机制。

我们假设存在一个(私人或公共)资产的国际金融市场。在金融市场上,中介机构可向中央银行借款,并提供公共或私人信贷,反过来也可向家庭借款,并存入中央银行。家庭可通过金融中介购买其他家庭和政府的资产。中央银行与金融中介之间的融资利率由中央银行设定。金融中介向中央银行借入的现金总额为:

$$CN_t = -(A_t^1 + A_t^2 + PA_t^1 + PA_t^2) \qquad (3.37)$$

金融中介的营业收入、营业成本和利润为:

$$营业收入 = -\sum_{i=1,2}\left[r_t - \varphi\left(\frac{A_t^i}{P_t^i \overline{r}^i}\right)\right]A_t^i - \sum_{i=1,2}\left[r_t - \varphi^g\left(\frac{PA_t^i}{P_t^i \overline{r}^i}\right)\right]PA_t^i \qquad (3.38)$$

$$营业成本 = r_t CN_t + \Xi(A_t^1, A_t^2, PA_t^1, PA_t^2) \qquad (3.39)$$

$$利润 = \sum_{i=1,2}\varphi\left(\frac{A_t^i}{P_t^i \overline{r}^i}\right)A_t^i + \sum_{i=1,2}\varphi^g\left(\frac{PA_t^i}{P_t^i \overline{r}^i}\right)PA_t^i - \Xi(A_t^1, A_t^2, PA_t^1, PA_t^2) \qquad (3.40)$$

$r_t CN_t$ 是融资活动的财务成本,$\Xi(A_t^1, A_t^2, PA_t^1, PA_t^2)$ 是中介费用和管理费用。我们假设国际金融市场为完全竞争市场,中介费用和管理费用[1]使金融中介的利润为零。金融中介机构不会重复注入现金到货币联盟经济活动中。因此,金融市场的发展不会影响经济系统的其余部门。因此,模型中金融中介最优规划无须被排除。例如,我们可

---

① 金融中介与家庭或政府之间的契约内嵌于函数 φ 和 φ^g 中。本模型不考虑道德风险、违约或抵押。

以假设金融交易完全在货币联盟外进行,如在英格兰或瑞士。而且,我们假设每期金融中介均出清与中央银行的头寸,因此可得:

$$CN_t = -(A_t^1 + A_t^2 + PA_t^1 + PA_t^2) = 0 \qquad (3.41)$$

最后一个条件可保证每期货币联盟内的私人和公共负债或资产相互出清。这是个限制性条件,然而,它类似于银行间隔夜拆借市场,银行根据中央银行设定的再融资利率进行放贷或借款,使银行每日出清对中央银行的头寸。这可以确保债务市场实现瓦尔拉斯均衡,即四分之三资产(两国的公共和私人资产)的运动定律暗示着最后四分之一资产的运动定律(见第 2.2.1 节)。

3.2 危机后货币联盟内的财政刺激政策

3.2.1 财政刺激政策

本节我们的目标是模拟全球经济衰退下货币联盟的复苏政策,并找到抵消危机引发经济衰退最有效的财政措施。为了模拟受 2008 年 9 月次贷危机打击的欧洲国家的特殊境况,上一章我们用两国对称模型,从稳态开始,进行了不同情景模拟计算和参数校正。财政扩张政策通常为应对负面外生冲击。危机带来的经济衰退境况下财政乘数评估会产生"同时低估偏差",因为当经济萧条时通常会实施扩张性财政政策,因此,变量的反应范围低于上一章中的从稳态开始的模拟情形。我们从以下假设出发:

- 两国 GDP 均为 5%,比第二节开始模拟时的稳态值低;
- 模拟开始时,政府支出仍处于稳态;
- 模拟开始时,价格未对危机作出调整;因此,通货膨胀、相对价格和贸易条件处于稳态;

● 模拟开始时，政府和家庭尚未调整储蓄行为，因此资产总量处于稳态；

● 模拟开始时，其他实际变量是从模型方程中推导得到的。

● 如 Mountford 和 Uhlig（2009）所讨论的，财政政策冲击包含许多措施（从支出到减税）和影响效应（例如收入冲击和支出冲击）。我们选择如下冲击作为危机时的政策反应：

（i）本国实施积极的财政支出冲击；

（ii）本国减税；

（iii）本国降低企业工资税。

我们比较两国从这次危机中的复苏情况，及两国政府采取的不同措施。作为控制组对比，我们还计算模拟了政府不采取任何措施的情况。为了便于比较，我们指定所有这些措施的成本必须等于该国 GDP 的 3%。该数字与欧盟委员会对欧元区各国政府财政刺激计划的估计大致相符（2009 年，占 GDP 的 1.5%）。更确切地说，这相当于公共支出增加了 10%，或在四个季度内削减 2.8% 的增值税或 2.4% 的工资税。[①]

本章我们将重点讨论财政政策产生的跨国外部性冲击。首先，我们分析对称模型，即联盟内两国完全相同，随后我们引入不对称性。

3.2.2　财政政策冲击的不同影响

图 3.1 至图 3.3 显示了基准参数下，模型各国从危机中恢复的情况。

---

① 这些值做如下计算：$\Delta G^i = \dfrac{3\%}{\dfrac{\overline{G^i}}{\overline{Y^i}}}$，$\Delta v^{c,i} = \dfrac{3\%}{\dfrac{\overline{C^i}}{\overline{Y^i}}}$，$\Delta v^{w,i} = \dfrac{3\%}{(1+v^{c,i})\dfrac{\overline{C^i}}{\overline{Y^i}}}$，因为在稳态我们能得到工资和消费之间的如下等式：$w^i = (1+v^{c,i})\overline{C^i}$

我们比较了三种替代性财政政策的影响。对财政政策的反应程度,我们用偏离稳态的标准差百分点衡量。通过与不实施任何财政政策对比,我们比较评估三种替代性财政政策的影响。

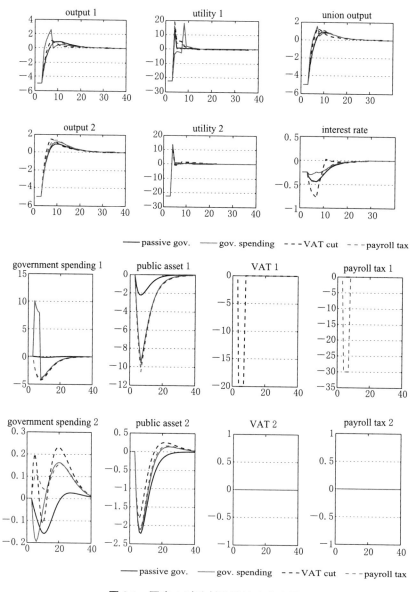

图3.1　国家1财政刺激后的产出变量

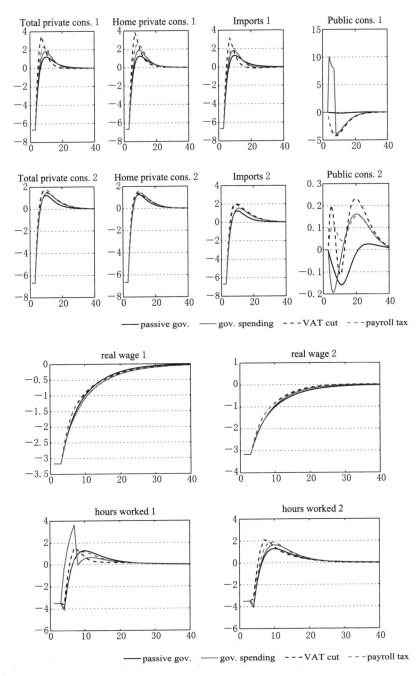

图 3.2　国家 1 财政刺激后的消费变量

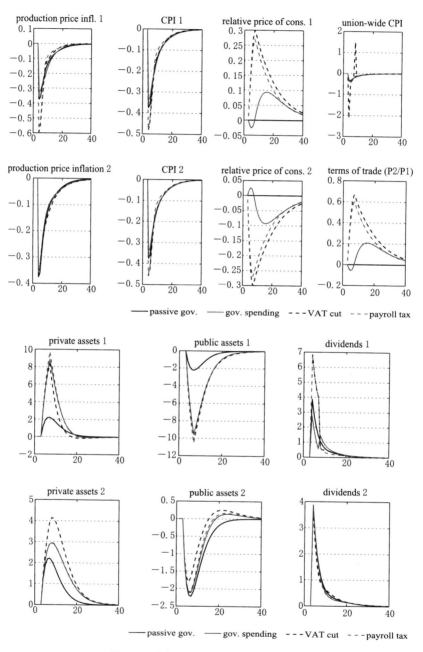

图 3.3   国家 1 财政刺激后的名义变量

危机来临与消极的财政当局

经济衰退后,不实施财政冲击时,中央银行降低 50 个基点的利率,以刺激经济活动。由于需求疲软,家庭议价能力不强,小时工资从稳态下降超 3%。通过迅速增加劳动力供给[①],家庭试图缓解消费能力下降,并增加储蓄。各国政府税收减少,为避免公共债务飞涨,各国政府削减超过 1% 的公共支出。但是,两国政府均通过增加负债(2.5%)以平滑消费。

增加政府消费是刺激本国产出扩张的最有效政策

国家 1 实施财政刺激政策,使政府支出对本国经济活动产生最大的积极影响。的确,通过增加对本国产品需求,政府采购本国产品对产出有直接影响,相比不实施刺激计划,使经济活动提高约 2%。由于刺激措施成本相当于 GDP 的 3%,我们的财政乘数约为 0.66,与 Monacelli、Perotti 和 Trigari(2010)一致。公共需求增加推高工资,从而刺激私人储蓄,以及本国产品和进口产品消费。确实,随着财政刺激政策的实施,劳动力供应增加,家庭收入也增加。政府通过调整支出,长期内满足了非庞氏条件。

减税对产出扩张影响较小

相比之下,减税通过价格调整对生产活动产生中介影响——削减增值税对本国和进口消费产生直接影响,通过跨国通胀紧缩压力对工资税产生间接影响,这是减税对产出扩张影响较小的原因。

根据对产出的影响效果,这种财政措施的影响结构与 Faia、Lechthaler 和 Merkl(2010)的不同。尽管劳动供给模型存在差异,他们发现在开放经济货币联盟内,增加公共支出或减税的影响几乎为零,而雇佣补助(类似于本模型的工资税削减)则有助于大幅度提振

---

① 如果私人消费替代跨期弹性的倒数,$\sigma_c < 1$,这使工作时间的增加更具突然性,因为替代弹性大于收入效应。

经济。

但是,如上一章所述,减税的效果取决于消费替代的跨期弹性值。在附录中(见图 A.1 至图 A.2),我们对同一政策采用不同参数进行了模拟。如果替代弹性值较高(即 $\sigma_c < 1$),那么,将大量发生替代行为。为平滑消费,这将刺激家庭劳动力供给,随着家庭劳动增加,收入增加(因为闲暇时间变得相对昂贵),经济加速恢复。相反,如果替代弹性值较低(即 $\sigma_c > 1$),例如,当 $\sigma_c = 2$ 时,收入效应起主导作用。价格和工资下降使劳动力供给下降,相比消极的财政措施,减税措施进一步抑制了产出和消费。因此,只有当替代弹性较高时($\sigma_c = 0.2$),削减增值税对国内生产总值的影响才和增加公共支出类似。

所有财政刺激政策都会给邻国带来积极外部性

本模型中,国家 1 公共支出增加挤占了国内市场,从而对国家 2 的进口消费增加。这与 Beetsma、Giuliodori 和 Klaassen(2005)的实证结果相符。他们表明,在经济货币联盟内,一国增加政府支出时,经济货币联盟国出口增加(+2%)。

国家 1 减税使国家 2 更具价格竞争力。其作用机制如下:削减增值税将影响进口(+3%)、国家 2 的商品价格(-0.45%)和产出。随着国家 2 产出增加,国家 2 的劳动雇佣和实际工资增加。因此,相比消极政府情形,利率作为溢出效应的传导渠道,使本国消费增加 2%。央行也对包含增值税的消费价格作出反应,降低了 80 个基点的利率。

降低工资税,使国家 1 国内生产形成通货紧缩,并通过菲利普斯曲线传导到国家 2,刺激国家 2 生产。经济变量对削减工资税的反应通常较为温和,因为中央银行对此措施不会直接作出回应,实际上,利率曲线几乎与政府支出情况下的曲线重叠。

因此，国家 1 采取的所有激励措施，对国家 2 都有积极的溢出效应。因此，对国家 2 而言，相比消极财政措施，最好让其邻国实施任意财政刺激措施。扩张性支出政策将使邻国产出增加＋1％，削减增值税将使邻国产出增加＋1.4％。这部分推翻了《稳定与增长公约》的信条，即认为财政扩张对其他欧元区成员国是有害的：短期内这种影响并不明显。

参数校正和溢出规模

溢出规模取决于国家 2 的反应能力，及其商品价格竞争力。在对称联盟内，各政策对 GDP 的积极影响处于偏离其稳态值[＋0.2％，＋0.6％]的范围内。国家 2 顺利地搭上了国家 1 扩张政策的便车，菲利普斯曲线引致的名义调整没有转化为商品和劳动的大幅调整。这种能力取决于 Calvo 参数度量的价格灵活度 ξ_i，以及工资、价格菲利普斯曲线中的两个参数，即跨期替代弹性的倒数 σ_c，和弗里希弹性的倒数 σ_l。这两个参数越小，模型参与人对价格和工资变化的调整幅度越小，对产出的溢出效应就越大。

更确切地说，σ_l 值越高，劳动力供给敏感度（或劳动负效用的曲率）越高，不对称性对货币联盟财政溢出效应的影响越小。的确，模型参与人更迅速地调整适应政策冲击时，其他财政政策的传导效果将减弱。

附录图 A.1 至图 A.2 比较模拟了不同 σ_c 值的政策效果。不同政策的积极溢出效应不同。在基准参数下，CES 效用函数跨期替代弹性的倒数 $\sigma_c=1$。此时，相比消极政府，削减增值税使本国产出增长约＋0.5％，使邻国产出增长约＋0.8％。扩张性支出的溢出效应与削减增值税类似。但是，例如当 $\sigma_c=0.5$ 时，国家 2 从国家 1 减税中获得的收益大于从扩张性支出中获得的收益，GDP 增长了 3％。

财政政策作为货币政策的非常规工具

通过增加需求,政府阻止了中央银行在危机后过度降低利率(中央银行少下降 10 至 20 个基点的利率)。相反,减税的刺激计划会导致通货紧缩,将使央行银行大幅降低名义利率。当利率已经接近零下限时,这可能是一种危险的做法。削减增值税后,降息幅度很大(减 80 个基点),且在第四季度达到最大值,原因是此时中央银行需对年均 CPI 通胀(含税)进行调整。

当中央政府增加支出购买公共资产时,中央银行减少名义利率下降幅度,对经济产生的推动作用更大。这种行之有效的非常规货币政策源于货币和财政当局之间的合作,但在货币联盟内尚难实现。

3.2.3　模拟结果的稳健性

现在,我们将验证这些结果并不是因为模型模拟起点造成的。因此,我们将比较之前的模拟结果(图 3.4 至图 3.6),首先是从稳态开始的财政冲击模拟,然后是生产力和偏好冲击引发危机后的财政冲击模拟。在这种情况下,我们生成一个 -5% 生产力供给冲击和 -5% 的信心冲击(β 值下降 5%),即折旧因子(β)会影响家庭欧拉方程式,冲击的自相关因子 $\phi=0.75$。这些冲击导致的后果是,家庭变得越来越厌恶风险,并延迟消费,即当期消费下降。总之,无论模型模拟的起点如何,财政冲击均以相同的方向和幅度影响经济变量。更准确地说,我们的模拟始终与至少一种备选模拟(从稳态开始或在生产力冲击后)一致,结果显示模型反应幅度并没有明显大于其他两个备选模拟。尤其是危机冲击后模拟,邻国变量的反应更大,这表明我们的溢出效应没有被高估。

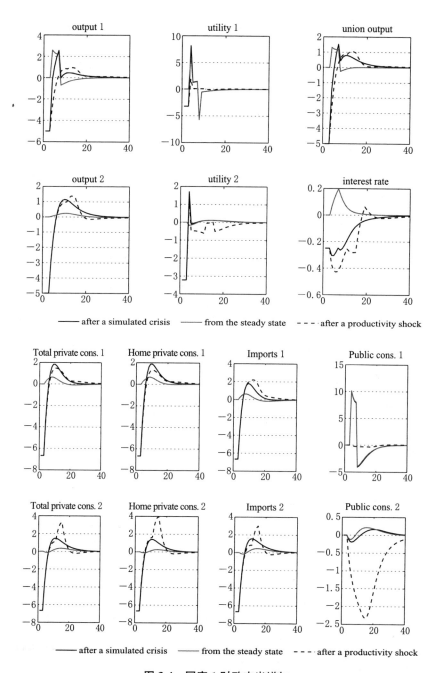

图 3.4　国家 1 财政支出增加

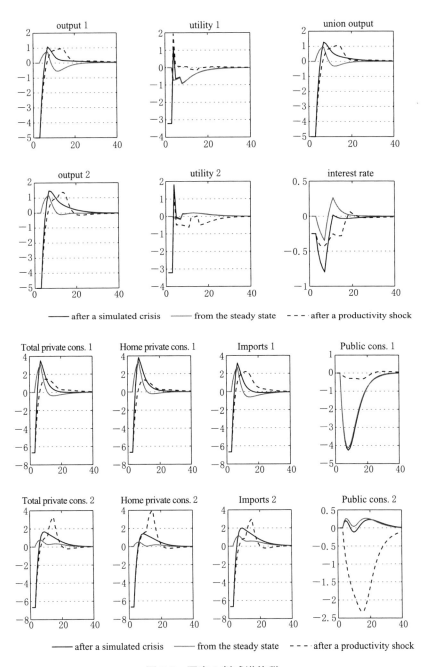

图 3.5 国家 2 削减增值税

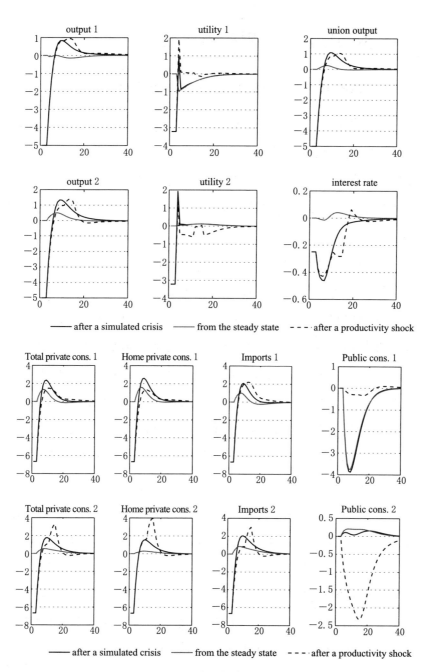

图 3.6 国家 1 削减工资税

3.3 货币联盟内的财政溢出效应

3.3.1 国家规模与经济货币联盟内的不对称性

在对称的货币联盟内,一国总会受益于伙伴国的财政刺激计划。这些收益取决于家庭效用函数的结构参数。在欧元区,各国不仅价格粘性不同,而且更重要的是,它们的经济规模和贸易开放度均不同。本节我们将评估国家规模对财政冲击、跨国溢出效应以及随后调整的影响。

货币联盟内国家规模很关键,因为货币政策和财政政策的效果在大国和小国之间不同。在货币政策方面,Romer(1993)和 Sanchez(2006)表明贸易开放度较高会导致较高的汇率传递,因此,小国的菲利普斯曲线往往更陡峭,实际贬值的通货膨胀效应通常更大。欧洲央行对价格稳定的保守立场促使其实施积极的需求方财政政策,联盟内的其他大国更是如此,会积极驱动本国经济发展。在财政政策方面,例如,非凯恩斯效应往往可在小经济体中观察到,因为它们不那么依赖内部需求。因此,它们可能更容易遵守《稳定与增长公约》规定的 3% 的赤字限制。换句话说,小国的经济增长战略(或强调外部竞争力的经济政策)更适应欧洲经济与货币联盟的政策规定。最近对该问题的讨论中,Afonso 和 Sousa(2009)发现国家规模与自由裁量权(即财政政策对产出变化的非系统性回应)呈负相关,与持久性(即当前财政政策对其过去值的依赖程度)正相关。Beetsma、Giuliodori 和 Klaassen(2005)发现外国财政扩张对货币联盟内的小国是有利的:根据他们的计算,德国政府支出增加 1% 时,两年内欧盟伙伴国对德国的出口量增加 2.3%。

此处开始,我们将添加一些细节:虽然经济推理绝不是完美的,但是我们理论模型的基本论断是:认为国家规模和开放度之间存在反比关系。首先,从世界范围内讲,欧盟内的三个大国:德国、法国和意大利属于中等经济体,靠内部需求和外部竞争力共同驱动经济发展。欧盟最大的国家德国,约占欧元区 GDP 的 40% 和人口的 30%,是出口冠军(根据 WTO 的数据,2008 年德国出口量占全球商品贸易的 8.2%),因此贸易开放度很高(根据欧盟统计局的数据,2008 年进出口之和占 GDP 比重为 89%)。相反,以希腊为例,就规模而言,其是一个特别封闭的经济体,开放度为 60%。请记住,我们选择的基准国家是法国和荷兰,因为它们符合平均意义上的欧洲大国和小国,从而使我们在满足稳态限制①的同时,能最好地模拟现实数据。②因此,法国和荷兰提供了很好的参照标准。

为了评估不对称性如何影响溢出效应,我们考虑以下两国货币联盟设定:

● 对称两国是我们的基准模型;

● “法国—荷兰”模型下,法国实施财政冲击$\left(\text{开放度 } \alpha_1 = 0.2,\right.$

$\left. \alpha_2 = 0.7, \theta = \dfrac{\overline{r}^1}{\overline{r}^2} = 3.5 \right)$;

● “法国—荷兰”模型下,荷兰实施财政冲击(此情况下,荷兰为国家 1);

● “法国—荷兰”模型下,加入名义价格刚性,且假设法国的名义价

① 确实,正如在参数校准部分解释的,我们不得不考虑各国相对规模、相对进口份额(或开放度)和政府私人消费份额之间的可能关系。记住,我们不会为各组国家插入数据,因为用 GDP 大概衡量他们的相对规模的话,GDP 大国将会比小国更封闭。

② 荷兰进口占 GDP 的 68%,政府消费占 GDP 的 25%,法国则分别为 28% 和 23%。法国 GDP 为 2 万亿欧元,荷兰 GDP 为 6 000 亿欧元,法国 GDP 是荷兰的 3.5 倍,(欧盟统计局,2008)。如果两国的政府消费类似,那么他们的私人消费会差异巨大,荷兰私人消费占 GDP 的 45%,法国私人消费占 GDP 的 57%。由于本模型没有包括投资,我们无法解释这些差异。

格刚性更大，$\xi_1 = 0.83$，荷兰的名义价格刚性更小，$\xi_1 = 0.66$。

这样，我们使用如下参数：

我们引入能反映两国差异的参数：α_i，θ，ξ_i。

参数 α_i 表示私人消费的进口份额（间接地表示国家开放度），采用德国、法国（大国）和比利时、爱尔兰和荷兰（小国）过去十年的平均开放度度量。因此，在基准模型中，我们令 α_i 等于平均值，即 0.45，在不对称情景中，令大国的 α_i 等于 0.2，小国的 α_i 等于 0.7。

表 3.1　参数校准与可选值

参　数	描　　　述	数值	替代值
α	生产技术参数	0.7	——
β	折旧因子	0.99	——
h_c^1, h_c^2	消费习惯形成	0.7	——
h_g^1, h_g^2	公共支出习惯形成	0.7	——
σ_c^1, σ_c^2	私人消费替代跨期弹性的倒数	1	2, 0.5
σ_l^1, σ_l^2	费雪弹性的倒数	2	——
σ_g^1, σ_g^2	跨期弹性的倒数	1	——
κ	效用函数中劳动权重	见模型	——
α_1, α_2	进口份额	0.45	0.2, 0.7
ξ_1, ξ_2	价格和工资调整的 Calvo 参数	0.75	0.83/0.66
γ_1, γ_2	基于过去通胀的价格和工资指数		
θ_1, θ_2	本国产品替代弹性，且劳动使价格和工资提价 20%	6	——
ψ_1, ψ_2	家庭债务的金融溢价	0.05	——
ψ_1^g, ψ_2^g	政府债务的金融溢价	0.05	——
$\bar{v}^{c,1}$, $\bar{v}^{c,2}$	对消费的征税	20%	——
$\bar{v}^{w,1}$, $\bar{v}^{w,2}$	对工资的征税	19%	——
r_π	中央银行对通货膨胀的反应	1.7	——
ρ	泰勒规则平滑参数	0.8	——
r_y	中央银行对产出缺口的反应	0.25	——
θ	经济规模比率 $\bar{Y}^1/\bar{Y}^2$	1	3.5
$\bar{C}^1/\bar{Y}^1 = cy_1$ $\bar{C}^2/\bar{Y}^2 = cy_2$	私人消费占 GDP 的相对份额	0.7 0.7	——
$\bar{G}^1/\bar{Y}^1 = gy_1$ $\bar{G}^2/\bar{Y}^2 = gy_2$	政府支出占 GDP 的相对份额	$1-cy_1$ $1-cy_2$	——

经济规模比例用 θ 表示。在基准模型中,国家是对称的,因此 $\theta=$ 1。在不对称模型中,$\theta=3.5$,因此大国(国家 1)比小国(国家 2)大 3.5 倍,大概是法国和荷兰之间的 GDP 比率。

价格粘性用 ξ_i 表示,即 Calvo 参数。这是合约的平均期限 E(期限)$=1/(1-\xi_i)$。与其他文献一致,我们令合约期限为 9 月至 1 年半,即 $\xi_i=0.75$,该值表示价格合约期限为 1 年。我们考虑了两国价格刚性的异质性,用 1.5 年表示价格刚性更大的国家价格合约期限为 1.5 年($\xi_i=0.83$),价格更灵活的国家价格合约期限为 9 个月($\xi_i=0.66$),做法和 Benigno(2001)类似。

3.3.2　消极政府和溢出效应

危机后政府放弃实施财政措施时(请参阅图 3.7 至图 3.9 的消极政府曲线),各国产出恢复路径将不取决于各国的相对规模,而是取决于它们的价格和工资刚性。从逻辑上讲,一国价格越不灵活,从危机中复苏的时间就越长。显然,消极政府没有实施财政政策,也就不存在跨国溢出效应。

3.3.3　来自政府支出增加的溢出效应

财政扩张时(图 3.7 至图 3.9),政策效果与公共消费一样影响产出。当各国在规模和开放度方面有差异时,财政溢出效应对产出的影响更大。正如预期的,两国规模差距增加时,大国对小国的财政溢出效应增加,且相比两国价格刚性差距增加,其效应更大。确实,小国开放程度越高,其出口受国家 1 财政扩张挤出效应的影响越大。

至于工资价格刚性,基本而言,价格灵活的国家相比价格刚性国家更有优势,但是工资上涨的灵活性,会拖累企业价格竞争,原因是国家

2 的工资增长更快。因此,名义价格刚性不会改变溢出规模。

当价格刚性的大国实施财政扩张时,中央银行不会大幅降低利率,因为其反应函数权重更大。

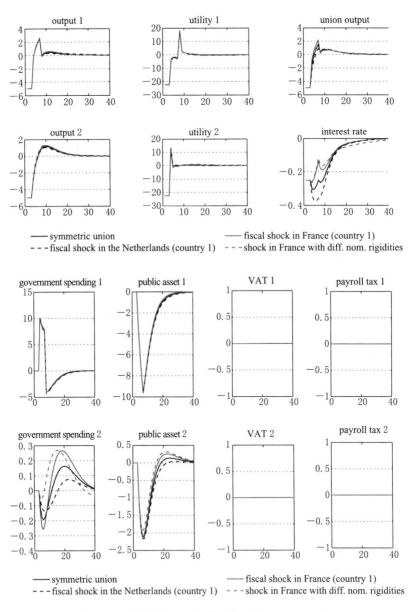

图 3.7　增加公共支出的效果和溢出效应　　1/3

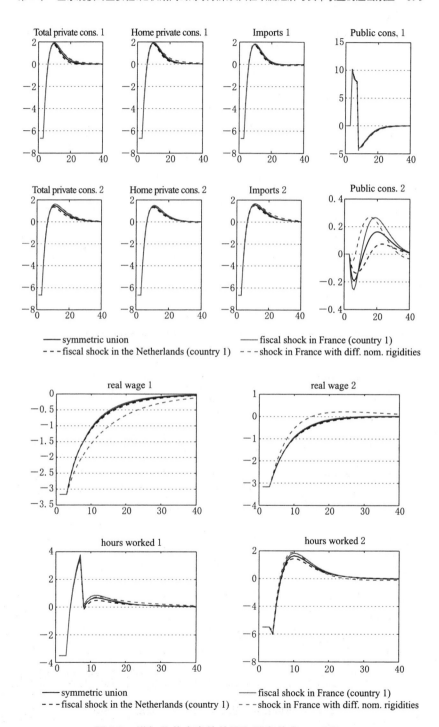

图 3.8　增加公共支出的效果和溢出效应　　2/3

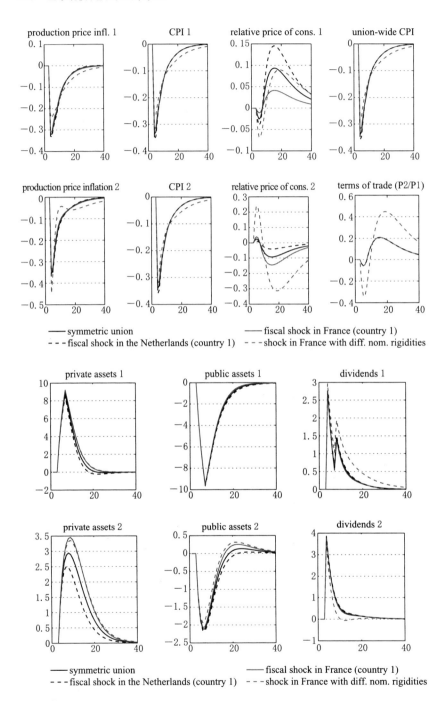

图 3.9 增加公共支出的效果和溢出效应 3/3

3.3.4 减税的溢出效应

减税通过名义渠道影响模型的经济变量。削减增值税的通货紧缩效应,促使中央银行降低利率,进而降低国家 2 的实际利率,并刺激其经济活动(劳动雇佣和产出)。当大国削减增值税时,削减增值税的跨国溢出效应较大(见图 3.10 至图 3.12),因为其通货紧缩效应更强(相

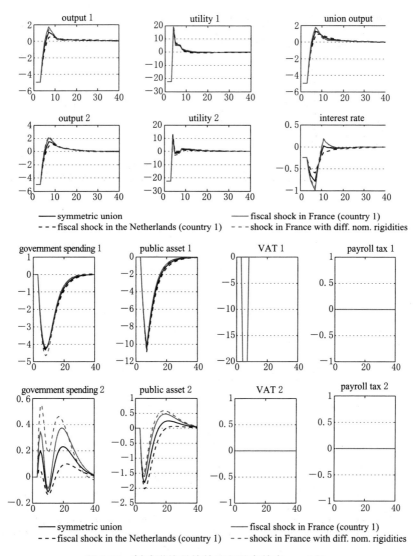

图 3.10 削减增值税的效果和溢出效应 1/3

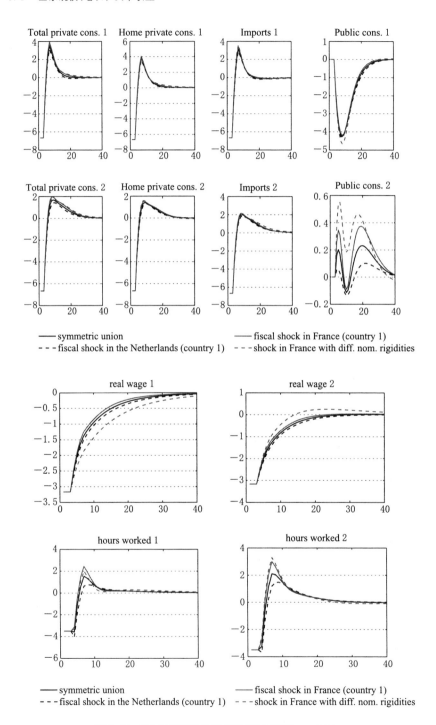

图 3.11　削减增值税的效果和溢出效应　　2/3

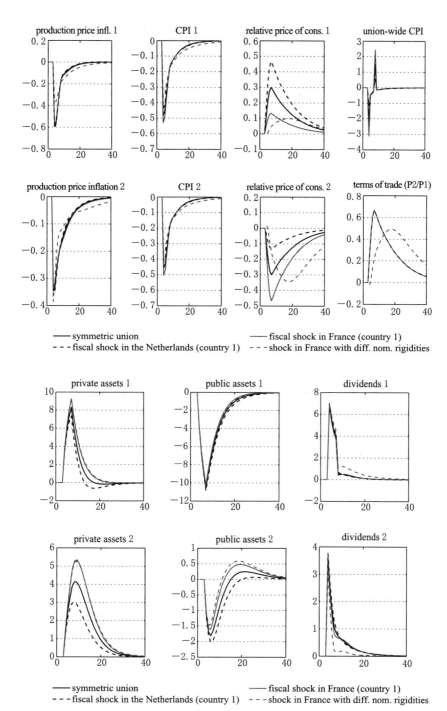

图 3.12　削减增值税的效果和溢出效应　　3/3

比稳态水平,国家 2 产出增加 1 个基点)。可见,规模效应确实发挥了作用。此外,如果小国价格更加灵活,则比大国更具成本竞争力,并能从跨国溢出效应中受益更多。而且,如果小国价格更加灵活,政府在储蓄与消费之间的权衡会因为陡峭的通货紧缩路径而削弱。在短期内(大约两年),公共消费从稳态处增加,否则公共消费下降(实际利率渠道)。

削减工资税的跨国影响类似于削减增值税(参见附录图 A.3 至图 A.5)。因为没有直接的名义传导渠道,中央银行的反应将更加温和,因此,削减工资税对价格的影响较弱。同样的,大国削减工资税时,其溢出效应更大,因为小国出口比例更大。如果这一大国的价格不那么灵活度吗,就可以抑制通货膨胀,并减少对中央银行施压,但这对小国不利。

3.4　货币联盟内部货币贬值

Calmfors(1998)认为,相互竞争的货币联盟各国,应实施内部货币贬值政策,在不危害货币联盟稳定的情况下,恢复失去的竞争力。2009—2011 年希腊和爱尔兰危机,使该问题再次成为热点,这次动荡使欧元区周边国家主权债券发行利率均高于德国。货币无法贬值导致公共负债膨胀,但通过较高的消费税(使进口成本更高)、较低的工资税和限薪(以减少人工成本),可以在货币联盟内实现实际贬值。Calmfors(1998)认为这是能降低实际劳动力成本的政策。为此,财政政策(也包括税收政策)应承担"在国外和国内产出之间转换支出,就像汇率变化一样"。这样,削减雇主的工资税将减少人工成本,从而影响出口、产出和就业,就像货币贬值一样。政府收入损失(来自减税)可通过增加其他税收来弥补,例如增值税。一定程度上,德国在 2000 年就遵循了这一策略,与邻国相比,这一策略在劳动力单位成本下降方面取得了巨大进步。①陷入困境的欧元区外围经济体一直在模仿这一战略以恢复出口竞争力。例如,希腊和葡萄牙在 2009—2010 年提高增值税率,冻结公务员薪资增幅,并鼓励外向型产业工资节制。德国和法国于 2011 年试行了针对欧元区国家的"欧元＋"(Euro Plus)或《竞争力公约》(*Competitiveness Pact*),同样是为了提倡限薪。

3.4.1　对称联盟内部货币贬值

内部货币贬值政策的主要问题(包括工资节制加上财政紧缩)是它使国民经济脱离了内需,这是 21 世纪头十年的德国经常出现的问题。但是欧盟成员国之间跨国贸易密切,如果全部欧盟成员国都使用该政策,这可能会引发跨国总需求下降,即以邻为壑的情况。有人认为,内部贬值是应对危机的供给方政策,可能对欧盟总需求不利,因为成员国主要在货币联盟内部进行贸易。因此,有必要评估这种经济战略的收益是否超过其成本,并应提供摆脱危机切实可行的方法。图 3.13 至图 3.15 中是我们比较了全球危机后,国家 1 提高 5 个百分点的增值税率并降低 4 个百分点的工资税率的影响(正如之前,两国的 GDP 都下降了 5%),两种措施成本均占 GDP 的 3%,因此在政府预算中可相互抵消。我们比较了内部贬值政策与之前提出的四种财政政策。

通过内部贬值,国家 1 成功地提高了产出,消费比减税多了 0.3%,但比公共支出要少。该政策对本国公共财政的影响不大,因为削减的工资税可被增加的增值税弥补,并且公共资产也会增加。政府有能力巩固财政状况,因为,一方面,税收是由增值税增加带来的;另一方面,削减工资税使国家 1 的企业更具竞争力(实际工资仍低于稳态水平),

---

①　根据欧盟委员会的估计,德国的单位劳动成本在 1999—2009 年间下降了 15%,低于欧元区平均水平。

因此,国家 1 的企业雇用和生产更多,最终贡献更多的税收收入。由此角度来看,内部贬值似乎是遵循《稳定与增长公约》赤字限制的同时,刺激需求的合适选择。对国家 2 的产出溢出效应与传统的财政措施类似(与消极政府相比,增长 0.3%)。但是,从跨国溢出的角度,内部贬值似乎不

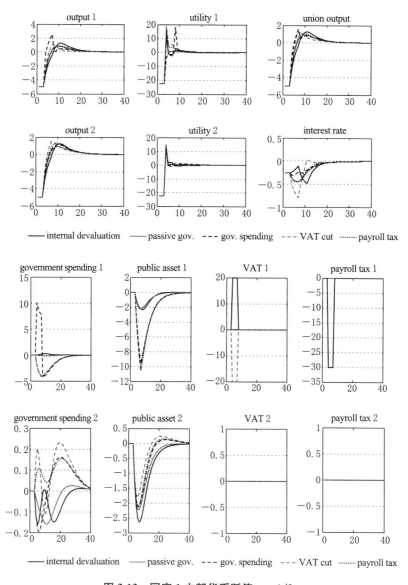

图 3.13　国家 1 内部货币贬值　　1/3

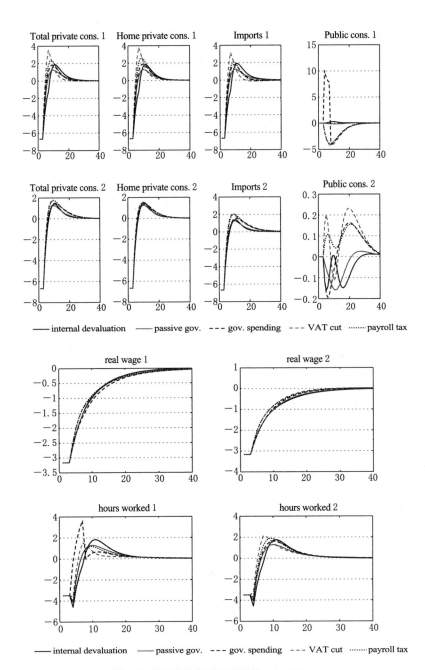

图 3.14 国家 1 内部货币贬值 2/3

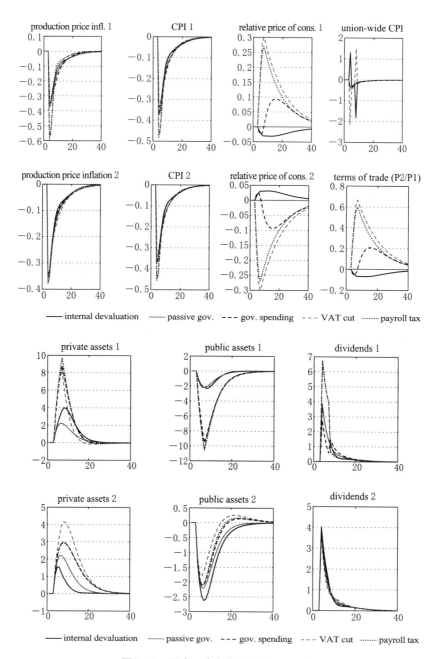

图 3.15   国家 1 内部货币贬值   3/3

利于邻国的公共财政:邻国政府必须面对不利的竞争冲击,导致公共负债水平高于其他财政政策引发的公共负债水平(相比其他措施,负债平均多了 0.5%)。随着邻国劳动和消费下降,邻国政府必须应对税收损失,即降低公共支出来控制负债水平。此时贸易条件对国家 2 有利,可通过增加出口来缓解负溢出效应。实际上,在保持财政措施成本不变的情况下,相比对工资税,相对价格对增值税更加敏感。内部贬值导致增值税通货膨胀式上升,经济系统的初步反应是名义利率上升。因此,两国消费都受到不利影响(尽管没超过其他政策),政府需稳固公共财政,这引发了后来的中央银行降息。

　　与之前分析的传统财政刺激政策不同的是,内部贬值的溢出效应在对称货币联盟中不明确。从需求方的角度来看,该策略的表现并不好于财政扩张。但是,该策略对公共和私人资产调整和再分配是不同的。邻国政府由于承担了政策实施国更多相关成本,公共资产一落千丈。

　　现在我们可以看一下非对称货币联盟内溢出效应的再分配和范围有何不同。

3.4.2　小国的短期留守策略?

　　现在,我们探究哪类国家应进行内部贬值,以及对处于困境的外围小国而言,这是否是一种恢复竞争力,缓解主权融资困境的合适短期留守策略。图 3.16 中我们比较了开放小国[图 3.16(A)]或封闭大国[图 3.16(B)]内部贬值时,对产出变量的影响。在不对称货币联盟内(前面章节我们采用规模和开放度均相同的货币联盟),内部贬值政策对开放小国有效。就产出而言,其影响仅次于公众支出政策,而且成本更低。同样,它对邻国产生了稍大的积极的溢出效应,因为增值税增加使消费从国内生产转向进口。

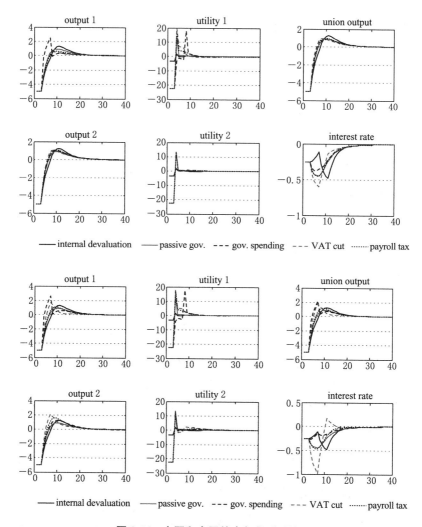

图 3.16 小国和大国的内部货币贬值

　　相反,对封闭大国而言,内部贬值对产出和消费的影响小于增加公共支出或削减增值税。在这方面,内部贬值的吸引力不如对称货币联盟模型。由于国家规模的巨大影响,溢出效应对邻国产出和消费的影响几乎与消极政府模型类似。对货币联盟总产出的影响为:当两国对称时,或当大国实施财政扩张政策时,政府支出能最大程度地提高联盟总产出;当小国实施财政扩张政策时,内部贬值对联盟总产出的影响最大。内部贬值是供给侧政策,对公共负债具有外部性。因此,当开放小国实施内部贬值时,这似乎是一个能恢复竞争力,避免公共财政恶化的合理短期留守政策。

结 论

对危机后的货币联盟而言,什么样的财政政策可以最好地缓解经济危机? 这些政策的溢出效应是什么,以及成员国的异质性如何影响溢出效应? 失去竞争力后,有哪些方案可替代货币贬值? 为了回答这些问题,我们构建了一个两国微观动态模型,面临公共债务的两国具有货币联盟的主要特征。我们运用确定性模拟进一步了解异质性货币联盟的运作,财政政策的外部性及其对国家经济政策的内涵。国家规模是分析的重点:因为大国比小国更依赖内需,他们对财政刺激政策的反应不同。

比较危机过后的财政政策,增加政府支出比削减增值税或工资税能更好地挽救消费和产出的下降。我们发现从衰退情景开始,财政政策是逆周期的,即使模型参与人具有前瞻性,财政乘数效应也不容忽视。这些结果对于政府支出行为的替代参数化和建模来说,仍是稳健的。财政扩张的跨国溢出效应始终为正。尤其是当大国实施扩张性财政政策,且两国规模和开放度不同时,溢出效应很大(邻国产出比稳态多＋1%)。相反,名义价格刚性的不对称性对财政溢出效应的影响较小。但是,政策实施国和其邻国存在策略性不对称:在产出和消费方面,本国(政策实施国)从增加公共支出中受益更多,而邻国则能从减税中获得更大溢出效应。

我们分析了内部贬值政策的效果,即增加增值税并减少工资税,以提高本国产品的价格竞争力。该策略对本国消费的促进效应低于增加政府支出,但高于减税。事实证明,这种供给方政策有利于巩固本国公共财政。但是,与其他财政政策相比,邻国公共财政将遭受较大负面影响。因此,当开放小国面临供给侧问题和高负债时,实施内部贬值政策可能值得考虑。欧元区主权债务危机的发生使得进一步研究该领域更具意义。

第4章 国家规模、经济绩效与波动性[*]

摘 要

国家规模、增长和经济周期波动之间有什么关系？为了研究这个由 Rose(2006)，Furceri 和 Karras(2007)提出的问题，我们利用主成分分析法建立了一个新的国家规模指数。传统研究通常将其视为一国的人口规模。我们的方法能同时考虑人口、GDP 和耕地多个国家规模构成要素。这些增加的变量使我们得以分析国家规模的不同构成，而不仅只是控制人口效应。利用 163 个国家从 1960—2017 年的面板数据，我们发现——与 Rose(2006)的观点相反——一国规模与其经济绩效有显著的负相关关系。我们对产出波动的研究得出与 Furceri 和 Karras(2007)显著负相关相一致的结论。此外，我们考察了亚太经合组织成员、欧元区国家和所谓的金砖国家，发现大国和小国有不同的研究结果。对于不同的国家和时间样本以及若干控制集，这些结果是稳健的。

---

* 本章与保罗·休伯特(Paul Hubert)合著。

引言

　　一国的规模是否会影响其增长的速度和波动性? 经济增长中所谓的"规模效应"是经济学中反复出现的问题。规模是否影响增长速度的答案似乎取决于当时的经济背景和现象。20世纪七八十年代,东亚小型经济体取得了不俗的发展业绩,践行了"小即是美"的格言,并涌现大量对这些经济奇迹进行探讨的文献。经济增长领域的最新动态是阐释当时金砖四国(巴西、俄罗斯、印度和中国)的成功——它们是世界经济中一股新兴的快速增长的力量。正如 Alesina、Spolaore 和 Wacziarg(2005)对国家规模的成本收益分析所示,一国规模的不同方面可能对该国增长产生积极或消极的影响。这一研究要解决的第一个问题是:那些与规模相关的禀赋或特征是否比其他禀赋或特征更重要呢? 例如,广阔的土地面积有利于提供更多自然资源,但是也加剧了公共服务和运输手段上的管理困难并提高了成本。同样,大量人口提供了劳动力和具有规模经济的广阔国内市场,但如果考虑人的异质性,可能会产生更高的行政管理成本。较高的 GDP 可能与较低的增长率有关,因为收入和发展水平已经很高,但也可能意味着更好的基础设施、更优质的人力资本以及更高的增长潜力。本章旨在检验多个国家的国家规模与 GDP 增长率之间是否存在某种关系。

　　国家规模与波动性之间的关系更为明确。直觉上,非常开放的小国应该对突发的,比如遭受贸易或资本流动变化而引起的经济周期波动更加敏感。这些国家无法依靠巨大的国内市场来平复经济波动。因此,我们研究的第二个问题是,是否可以实证检验一国 GDP 增长波动性与国家规模的负相关性。

　　让我们首先界定"国家规模"(country size)。经济学中经常使用的一种理解国家规模的方法是,世界经济中的小国是价格接受者,大国是价格制定者。然而,如 Salvatore(2001)所说,这种解释并不总是有效:当供应者数量有限时,一些小国也可能是价格制定者。例如,象牙海岸和加纳影响可可的价格。此外,国家规模包括政治、经济、地理和人口多种维度。国家规模的政治维度包括国家在国际机构中的地位和权力,这显然是重要的,但难以量化。GDP 易于量化,基于经济规模的排名很直观,但对增长的决定因素做回归分析时会导致内生性问题。国家规模的地理维度与其他变量的关系是最不明确的,因为大量人口可能密集占据一块很小的领土,反之亦然。前者如荷兰,后者则包括俄罗斯或澳大利亚。人口已成为国家规模最简单的代理变量且被广泛使用。Kuznets(1960),Demas(1965),Salvatore(2001),Lloyd 和 Sundrum(1982)等学者均以某一人口数量来区分小国和大国。

Rose(2006)也以人口作为国家规模的衡量指标,在寻找这种"规模效应"的过程中,发现国家规模和增长之间没有相关性。他只证实了小国拥有更高的开放程度,与 Rodrik(1998),Alesina、Spolaore 和 Wacziarg(2005)的观点一致。独立国家数量从 1945 年的 51 个增加到 2010 年的 195 个,尽管国家建立背后有政治原因,但这也意味着随着国际贸易的自由化发展,在全球化的世界经济中,小国似乎更适于生存。贸易开放度自然成为国家规模和经济周期波动之间的纽带之一。Furcei 和 Karras(2007)认为国家规模和波动性之间呈显著负相关关系,而 Furceri 和 Karras(2008b)在 OECD 国家中证实了这一点。

我们对现有文献的贡献在于开发了一种度量国家规模的新方法,即利用主成分分析法建立一个包括人口、GDP 和耕地在内的多维度的国家规模指数。该指标使我们能够避免单纯采用人口指标或基于 GDP 排名的缺陷。这一主成分分析规模指数捕捉了人口、GDP 和耕地这三个国家规模的要素。每一变量对经济增长的交互作用可能是复杂的,且并不唯一与国家规模有关。我们并非将其逐个放入回归分析中,而是用主成分分析指数作为国家规模的衡量指标。通过构造这一指数,我们捕获了三种规模组成部分的总变化,从而便于我们集中关注规模因素,而不是获得所谓"寄生"(parasite)效应。因此,我们可以更深入分析国家规模、经济绩效和经济周期波动之间的关系。为了便于与前人文献作比较,我们也以人口作为国家规模的衡量指标进行了分析。我们对本章结果也做了稳健性检验。

然后,我们对 1960—2007 年 163 个国家的国家规模与短期增长及其波动性之间的关系进行实证研究。我们利用多变量面板回归分析来评估国家规模对经济绩效的直接和间接影响。间接影响可能是由波动引起的。在分析中,我们还将规模或国家规模效应从几个经济变量尤其是贸易开放度中分离出来。不同于 Rose(2006)的观点,我们的实证结果显示,1960—2007 年 163 个国家的经济绩效与规模之间存在负相关性。这种关系在小国、OECD 国家和金砖国家等群体中更为明显;由于欧洲一体化的特殊背景,对欧元区国家的实证结论相反。然后,我们证明了国家规模与经济周期波动的负相关关系不依赖于贸易开放,这扩展了 Furceri 和 Karras 的研究结果,尤其是对小国而言。我们还发现贸易是 GDP 增长而非 GDP 波动性的显著正向影响因素。我们的结果对于多个控制变量、国家规模具体规定和去趋势化方法来说都是稳健的。

本章的其余部分组织如下:4.1 节总结相关理论;4.2 节阐述实证方法、国家规模指数的构建以及波动性测度方法;4.3 节和 4.4 节,我们分别用国家规模对增长以及对增长波动性的影响的现有理论来解释实证结果;4.5 节是结论。

4.1 理论分析

如何解释国家规模对 GDP 增长和周期性波动的非中立性?国家

规模有多个维度,因此,正如 Alesina、Spolaore 和 Wacziarg(2005)所述,与国家规模相关的成本和收益也是多样的。如前所述,一个广阔的地区可以拥有更多的自然资源,但也会产生更高的运输和管理成本。庞大的人口可能会提升一国人力资本,但也增加了对食物和行政管理的需要,这有助于理解发展中国家为何采取计划生育政策。较大的 GDP 意味着一个国家可能接近其均衡状态,因此增长速度放缓,或者也可以理解为,它拥有资本或技术密集型产业基础,因而能够形成内生性增长。

封闭经济新古典增长框架分析表明(该框架索洛在 1956 年曾采用过),国家规模(通常指人口或禀赋规模)实际上对增长没有影响。然而,假定规模收益递增,Rodrik(1998)指出由于规模效应和可支配的资源较多,大国能更有效地提供公共品。Milner 和 Weyman-Jones(2003)的实证检验也表明规模太小成为 1980—1989 年发展中国家实现经济有效发展的桎梏。运用内生增长模型(1998 年 Aghion 和 Howitt 曾阐述过)分析表明,国家规模越大,意味着驱动经济增长的禀赋规模越大,从而规模效应越大。论证很直截了当,国家规模越大,用于规模报酬递增行业的劳动力和资源,尤其是人力资本和研发资源的规模就越大。这也意味着具有更大的国内市场以维持经济增长,从而实现更快速的追赶。相应地,Kuznets(1960),Lloyd 和 Sundrum(1982)则指出对于小国而言,产出集中于某些工业和商品上、工业和农业的市场规模有限,使小国增长乏力。Eichengreen、Hausmann 和 Panizza(2003)指出,考虑到巨型经济体在国际市场上以本币融资的能力,它们可能是新兴经济体中唯一能摆脱"原罪"的国家。21 世纪头十年,中国和其他金砖国家的高速增长表明:经济自由化背景下,经济增长存在"规模效应"。

与我们研究相关的另一个理论问题是小国是否倾向于从贸易中获益更多。在开放经济条件下,Mill(1844)的相互需求理论暗示小国在国际贸易中获益更多。这些收益与自给自足经济中未得到满足的内部需求以及外部需求成正比。Katzenstein(1985)和 Schiff(1996)证实了 Lloyd(1968)的结论"小国在每单位国际贸易中获得的收益大于大国",并强调小国从优惠贸易协定以及更大程度的国际市场一体化中获益更多。独立国家数量从 1945 年的 51 个增加到 2010 年的 195 个,尽管国家建立背后有政治原因,但这也意味着随着国际贸易的自由化发展,表明在全球化的世界经济中,小国似乎更适于生存。Alesina、Spolaore 和 Wacziarg(2005)证明在此背景下,小国从贸易开放中比大国获益更多。根据凡登(Verdoorn)定律,出口导向型增长提高可贸易部门的生产力,从而提高其国际竞争力,推动了小型开放经济体的 GDP 增长。

除了贸易开放,小国和大国相对的内部效率也可能是其增长率呈现差异性的原因。Robinson(1960)对"国家规模的经济后果"进行详细分析后,认为小型经济体的适应能力及其更高的同质性有助于克服国内市场的狭窄。这可能也根植于一国经济结构的本质属性中。国家由不同增长率的区域构成,人们会说由于大国管理更大的领土和更多的行政实体而存在规模不经济,大国比小国有更多增长缓慢的地区,因此,大国的平均增长率较低。在后面的章节将对地域效率做进一步的分析。

在国家规模和波动性方面,人们直觉大国的增长率有更大惯性,而小国倾向于剧烈波动,这一点已得到理论支持。Imbs(2007)建立了一个理论模型来解释国家规模与产出波动之间的反比关系:由于大国经济中存在更多数量的经济部门,因此,其产出波动性更低。在众多国家的大样本中,Easterly 和 Kraay(1999)发现小国更高的开放度导致其增长率和波动性更高。小国对外部冲击更敏感和波动性更高是由其更集中几个产业发展导致的。事实上,更大的国内市场意味着世界经济和国内经济增长之间的差异更大,而小型、专业化的经济体更有可能面临特殊和共同的冲击。采用真实商业周期(real business cycle,RBC)模型和蒙特卡罗模拟法(Monte Carlo simulations),Crucini(1997)发现即使控制了市场结构和发展水平（包括投资、储蓄、贸易和消费），小型经济体的产出波动性仍高于大型经济体。这一现象也可能与开放度和通货膨胀之间的关系有关；Romer(1993)发现小且越开放的国家，其产出和通货膨胀之间越需要权衡，因为实际贬值效应阻碍了货币稳定。Katzenstein(1985)进一步说明世界市场中的小国旨在实现"国内补偿"（domestic compensation）。Furceri 和 Poplawski(2008)强调国家规模与政府消费波动性呈反比关系，他们认为这是由于外部冲击敞口较大的结果。Rodrik(1998)认为面对全球不确定性，政府扮演了"稳定收入"（income-stabilising）的角色。这种"风险敞口缓解"（exposure mitigation）机制解释了为什么更开放的经济体往往拥有更大的政府。最后，人们可能要问，从长期来看，波动是否损害了经济增长？Aghion 和 Banerjee(2005)、Ramey 和 Ramey(1995)认为的确如此。

因此，对实际 GDP 增长或增长波动性的绝对规模效应进行合理的经济解释并不明确，仍是一个有待解决的实证问题。

4.2 实证方法

4.2.1 数据

我们的数据集包括 1960—2007 年[①]163 个国家可得的 GDP、人口与耕地的年度数据序列。[②]我们对产出波动性测度估算需要 1960—2007 年间的完整数据集，因此，排除了 GDP 序列缺损的国家（斐济、科

---

① 为了精确起见，该时期世界上有 195 个主权国家，其中 192 个是联合国会员国。2009 年的世界各国纪实年鉴(CIA)列出 245 个实体，包括"195 个具有固定领土、一定的政权组织形式的主权国家"和 54 个附属于其他国家的附属国和特别主权地区。

② 数据来源于世界银行。我们的面板数据共包括 177 个国家，但用于计算主成分规模指数和 Jalan(贾兰)规模指数的 GDP、人口和耕地数据，仅有 163 个国家是可得的（见附录表 B.1)。我们以人口作为国家规模的代理变量，将另外 14 个国家纳入回归，以检验规模指标方面结果的稳健性。

威特、利比亚、缅甸和索马里）。我们解释结果时考虑了可能的"幸存者偏差"（survivor bias），但我们数据所涉及的国家可与我们的主要参考文献 Rose（2006），Furceri 和 Karras（2007）[①]中所涉及的国家相对。我们采用年度数据和波动性指标的十年期均值。

我们的被解释变量是 GDP 增长率（%）或使用 GDP 水平（2000 年美元不变价）计算的产出波动。[②]解释变量包括三种可能的国家规模度量，具体如下，其中人口（百万）取对数以检验比例（而非线性）相关性。标准经济变量作为控制变量被引入：贸易开放度（以进出口总值除以 GDP 的比率计量）、通货膨胀率（%）（本文数据的描述性统计见附录表 B.3）。

4.2.2　国家规模的新指数

我们的贡献在于采用主成分分析方法创建国家规模指数。Alesina、Spolaore 和 Wacziarg（2005）在分析国家规模、贸易和增长的互相影响时，交替使用人口、GDP 作为国家规模的衡量指标变量进行回归。然而，我们想提出一个更全面的"规模效应"，而不仅是 GDP 的人口规模效应。主成分分析规模指数捕捉了人口、GDP 和耕地这三个国家规模的重要组成部分的基础信息。因此，它是一个更全面衡量国家规模的指标，避免了纯粹基于人口统计或 GDP 排名的缺陷。每一变量影响经济增长的交互作用可能是复杂的，且并非只与国家规模有关。我们并不将它们逐个放入回归分析中，而是将综合的主成分分析指数作为国家规模的代理变量。通过构造这一指数，我们捕获了三种规模

---

① 　Rose（2006）列出 208 个"国家"，但由于包含了一些微型国家和岛屿，所以将它们称为"种群"。Furceri 和 Karras（2007）使用的数据集包括 167 个国家。

② 　我们的重点是解释国家规模对经济增长速度的影响，而非对居民财富或收入水平的影响。因此，通过将 GDP 按人口规模标准化来计算人均 GDP，将使我们的分析毫无意义。以人均 GDP 作为被解释变量将使国家规模内生化，并导致错误的计量结果，因为等式两边都应该包括规模效应。同理，人均 GDP 是衡量国家财富而非国家规模的指标，因此不适合充当主成分分析规模指数的组成部分。

组成部分的总变化,从而便于我们集中关注规模因素,而不是获得所谓"寄生"效应。因此,该规模指数更适合于准确评估国家规模对 GDP 增长及其波动性的独特和整体影响。为了保证与其他研究的可比性和稳健性,在参数估计中将人口总数取对数作为国家规模的衡量指标变量。我们也使用 Jalan(1982)构建的国家规模指数。我们采用他的指数是为了支持国家规模不仅包含人口统计维度的观点。Jalan 的指数是人口统计(人口数量)、地理(可耕地)和经济规模(GDP)的加权平均值。每一部分都以给定年份样本最大值为参照来度量。的确,国家规模应该作为相对规模来理解,因为国家只有在与他国对比时才能被划分为小国或大国。Jalan 的规模指数计算方法如下:

$$Size\ Index_{it} = \frac{100}{3}\left(\frac{Population_{it}}{\text{Max } Population_t} + \frac{Arable\ Land_{it}}{\text{Max } Arable\ Land_t} + \frac{GDP_{it}}{\text{Max } GDP_t}\right)$$

因此,这一指数的取值范围为[0,100]。用这种方法评估国家规模有时是有问题的,因为 Jalan 的规模指数允许跨规模维度的线性补偿:例如,一个领土辽阔,但人口和经济规模都很小的国家可能被归入大国,即使凭直觉它不是大国。

我们通过创建自己的国家规模指数解决这一线性问题。我们采用主成分分析法来解释国家规模的人口、经济和地理维度。主成分分析法可以被理解为一种固定效应因素分析,因为它便于识别数据特征并强调它们的共同趋势。我们对三个国家规模变量取对数,因为我们假设它们是成比例(非线性)相关的,且它们最初不是用可通约化的单位表示的。鉴于主成分分析法是对数据的线性转换,所以不需要数据服从给定的统计模型,表 4.1 所示的变量的高度相关性表明采用主成分分析法是明智的。[①]主成分分析法对相关系数矩阵进行特征分解。

---

① 此外,给定数据的共性程度,Kaiser-Meyer-Olkin(KMO)抽样充分性的统计值 GDP成分为 0.72,人口为 0.59,耕地为 0.66,总体为 0.64。因此,我们采用主成分分析规模指数在统计上是可以接受的。

表 4.1　三个国际规模变量的相关系数表

变　　量	人口（对数）	GDP（对数）	耕地（对数）
人口（对数）	1		
GDP（对数）	0.77	1	
耕地（对数）	0.81	0.54	1

　　我们选择只保留第一个主成分，即唯一一个特征值大于 1 的成分。原始变量的单位线性组合包含最大方差，如表 4.2 所示，它解释了共同方差的 83%，将信息损失降至最低。因此，我们计算的主成分分析规模指数使我们将三个变量削减合成为一个。给定年份的每个国家都能生成一个主成分分析指数，均值为零，以人口、GDP 和耕地对国家规模的贡献率表示。这也使得随后的解释更简单；我们的主成分分析规模指数捕捉了链接三个变量的内部结构。如果其中一个变量偏离了将其链接到其他两个变量的整体模式，它将被分配以较低的权重。主成分载荷（见表 4.2 中的主成分类目）将观测数据与特征向量中的主成分相联系，它们大致相等，所以主成分分析指数中的三个主成分在描述国家规模时起到相似的作用。构造这一规模指数的 163 个国家的原始数据都是可得的。

表 4.2　主成分分析详述

主成分分析			
主成分	特征值	特征值差分	方差百分比	方差累计贡献率
主成分 1	2.493	2.100	0.831	0.831
主成分 2	0.393	0.279	0.131	0.962
主成分 3	0.114	0.000	0.038	1.000
主成分（特征向量）——得分系数				
变量	主成分 1	未解释的部分		
GDP（对数）	0.550	0.247		
人口（对数）	0.609	0.076		
耕地（对数）	0.572	0.184		
观测值个数	163	主成分个数	1	追溯数＝3
旋转：（未旋转＝主成分）		$\rho = 0.831$		

如果一国主成分分析规模指数得分在前10%的话,我们将其归为大国,其余则被归入小国。简单起见,我们不设置中等规模国家这一类别。本章中,如果主成分分析规模指数大于1.985 3(相当于样本的90%),则为大国;如果主成分分析指数小于等于1.985 3,则属于小国。为了更好地理解主成分分析得分缘由,我们根据人口、GDP和耕地面积归纳出大国的限定阈值(见表4.3)。

表4.3 大国的门槛

主成分分析指数	1.985 3	分位数90%
相当于	人口	49.22(百万)
	GDP	315.96(十亿)
	耕地	576.94(千平方千米)

样本中,有17个国家被划分为大国(见附录表B.2中)。平均而言,增加一个主成分分析单位相当于增加244 000平方千米的面积(相当于英国面积),或是增加1 510亿美元的GDP(相当于芬兰的GDP)或是人口增长3 100万(相当于摩洛哥人口)。

4.2.3 波动性的度量

沿用Furceri和Karras(2007)的方法,我们利用实际GDP(使用2000年不变价GDP,以剔除通货膨胀和汇率波动的影响)的对数计算经济周期波动的周期性成分:

● GDP增长率(十年期均值)的简单标准差(standard deviation, SD),它是变动最剧烈的序列;

● 对年度GDP数据经Hodrick-Prescott(HP)滤波(高通滤波器)过滤后的周期性成分取标准差,平滑参数设置为6.25[依据Ravn和Uhlig(2002)的观点];

● 对年度GDP数据经Baxter-King(BP)滤波(低通滤波器)过滤

后的周期性成分取标准差，它近似于不限次序的移动平均值，并在序列两端以下界 2 和上界 8 删除数据。过滤器的超前—滞后长度设为 3。

4.2.4 估计方法

为了估计我们的模型[见等式(4.1)]，我们首先检查了计量经济学中面板数据常见的统计问题。对整个样本划分不同组别(小国、大国、OECD、欧元区)进行豪斯曼(Hausman)检验，结果表明个体效应和解释变量具有系统的相关性，因此，固定效应(fixed effect，FE，也称内部效应)估计是最合适的选择。正如 Durlauf、Johnson 和 Temple(2005) 所指出的那样，固定效应估计量允许不同国家有不同的方程截距项，有效地解决了不可观测的异质性，不变时的遗漏变量不会造成回归结果偏误。[①]当我们使用诸如政治形势和制度等难以测度或量化的变量时，该方法显得尤为重要。固定效应估计可以有效控制稳定的未观测变量对不同国家的影响。我们采用固定效应估计的适当性也通过固定效应显著性的 F 检验得到了证实。对分组异方差性的 Wald 检验表明，它存在于所有数据集。同样，对面板数据进行自相关的 Wooldridge 检验表明，存在一阶自相关。此外，根据 Drazen(2000)的观点，国家规模不被假定为内生性的重要来源，因此，没有使用工具变量。[②]

考虑到这些检验的结果，我们选择了 FE 估计量，因为它解决了我们样本的所有统计问题，包括个体效应和回归量、异方差和自相关之间的关系。我们采用了在国家层面聚类稳健的标准误，因为即使存在自相关时，在面板数据层面的聚类会产生标准误的一致估计。

我们估算带有一组经济控制变量的二元和多元模型。控制变量或

---

① 的确，组内估计量通过对变量去均值，再对整体数据进行最小二乘估计消除了面板异质性。即使控制变量与固定效应相关，这个线性的固定效应估计量是一致的。

② Dickey-Fuller 检验表明不存在面板单位根，因此无须进行协整检验。

Zit 是将国家规模效应从其他经济效应中区分开来的重要经济变量，这些其他的经济效应包括贸易开放度[Rodrik(1998)，Alesina、Spolaore 和 Wacziarg(2005)提出]、实际利率和通胀率。的确，我们拟将对经济增长和波动的国家规模效应从可能的贸易和价格竞争力效应中分离出来。此外，将通胀率和利率作为控制变量引入的理论依据来自新凯恩斯主义的 *IS* 曲线：

$$X_t = -\frac{1}{\sigma}(i_t - E_t\pi_{t+1}) + E_t x_{t+1} + g_t$$

其中，x_t 是产出缺口，σ 表示私人消费跨期替代弹性的倒数，i_t 代表名义利率，$E_t\pi_{t+1}$ 是预期通货膨胀，g_t 是需求冲击。因此，我们尝试将预期通胀（在回归分析中以通胀来表示）和利率对 GDP 增长的影响与国家规模的影响相分离。

综上，我们对下述回归模型进行估计：

$$Y_{it} = \beta_0 + \beta_1 SIZE_{it} + \beta_2 Z_{it} + \beta_3 U_i + \varepsilon_{it}$$

其中，Y_{it} 代表 GDP 增长或产出波动的测度（依据我们是检验国家规模与经济绩效的关系，还是与波动性的关系而决定）；

$SIZE_{it}$ 是国家规模的度量（要么采用我们的主成分分析指数，或者 Jalan 的指数，或者人口数量）；

Z_{it} 是一系列经济变量（包括贸易开放度、实际利率、通胀水平，都用百分比表示）；

U_i 是固定效应或国家效应项；

ε_{it} 是误差项。

对于三种规模测度的三类估计值的任何一个，拟进行：

二元回归；

增加变量序列 Z_i 后的回归。

我们的固定效应估计总共有六个回归。变量之间的相关性结构如表 4.4 所示。国家规模指标尤其是人口和主成分分析规模指数与贸易开放度之间具有显著的负相关性，证实了我们的直觉，即小国比大国更开放。

4.3 国家规模与增长

4.3.1 初步分析

在详细说明计量结果之前，我们利用图 4.1、图 4.2、图 4.3、图 4.4 的散点图阐述不同组国家的国家规模（以主成分分析规模指数衡量）与 GDP 增长的关系。当我们将数据集中的所有国家一起考察时（见图 4.1），平坦的回归线意味着国家规模与 GDP 增长之间并没有如 Rose (2006)所述的显著相关性。当我们考虑不同的国家群体时，样本均值这个不甚明显的结果是相关的。对于高收入国家（见图 4.2），尤其是欧元区国家（见图 4.4），二元图显示了一国规模多大与其增长多快之间是负相关的。反之，低收入国家（见图 4.3）没有表现出显著的正或负的相关性，因此，经济发展水平可能是这种反向关系的驱动因素。

表 4.4　变量的相关性

变　　量	GDP 增长	主成分分析规模指数	Jalan 规模指数	人口	贸易开放度	实际利率	通胀率
GDP 增长	1						
主成分分析规模指数	−0.04	1					
Jalan 规模指数	0.02	0.56	1				
人口（对数）	−0.01	0.95	0.51	1			
贸易开放度	0.13	−0.56	−0.33	−0.55	1		
实际利率%	0.1	−0.04	−0.03	−0.05	−0.01	1	
通胀率%	−0.08	0.02	−0.01	0.02	−0.02	−0.3	1

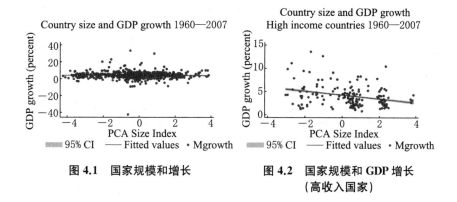

图 4.1　国家规模和增长 　　　　图 4.2　国家规模和 GDP 增长
　　　　　　　　　　　　　　　　　　　　（高收入国家）

4.3.2　估计结果

　　表 4.5 显示了我们的固定效应回归结果。注意我们的估计量控制所有稳定的国家特征，对于 1960—2017 年间所有样本国，无论是主成分分析规模指数还是人口数都有显著的负系数。鉴于主成分分析规模指数反映了人口、GDP 和耕地的变化，这些因素与增长速度呈负相关。值得注意的是，主成分分析中每增加一个单位，平均相当于面积增加 24.4 万平方千米、GDP 增加 1 510 亿美元或人口增加 3 100 万。因为系数测量是半弹性的，所以我们可以用标准差（见附录中的表 B.3）的值精确地计算相关性的大小。例如，人口值每增加一个标准差将造成整个时期 GDP 增长率降低 2.6 的影响。[①]Jalan 的规模指数的系数相对较小且不显著，这说明国家规模与增长之间的关系是成比例而非线性的。根据 t 统计值，当经济控制变量被引入回归时，我们的结果更精确，我们对增长的规模效应分析确认了它们的相关性。经济增长与国家规模之间负的条件相关性对于纳入的经济变量而言，的确是稳健的。这意味着，我们可以确认对增长的国家规模效应，而不受小国一般更为

---

　　①　某一控制变量单位标准差的增长对 GDP 增长影响的计算方法为：$\sigma_{depvar} * coeff_{depvar}/\sigma_{gdpgrowth}$。

开放的事实的影响。同样值得注意的是,贸易对 GDP 增长的影响系数
非常大且显著,贸易增加 0.1 个标准差,GDP 增长 3.8%,印证了我们
之前引用的关于贸易益处的大量文献的观点。

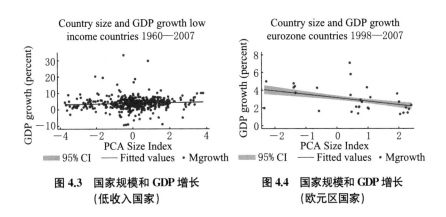

图 4.3　国家规模和 GDP 增长
（低收入国家）

图 4.4　国家规模和 GDP 增长
（欧元区国家）

对于小国(占样本的 90%)来说,图 4.6 所示的结果是相似的。所
有国家规模指标首先一致认为国家规模与增长之间存在负的条件相关
性,同时,还一致认为贸易开放与增长之间存在正相关关系。在大国中
(见附录表 B.2),国家规模与经济绩效之间没有明确的关系。

表 4.5　国家规模与 GDP 增长——全样本国,1960—2007 年

异方差(聚类)修正的固定效应						
	双变量	控制变量	双变量	控制变量	双变量	控制变量
主成分分析规模指数	−3.447*** [−6.01]	−4.738* [−1.87]				
Jalan 规模指数			0.494 [1.46]	0.346 [0.92]		
人口(对数)					−1.896*** [−4.46]	−2.586*** [−3.09]
贸易开放度		5.297*** [3.33]		4.990*** [3.01]		5.456*** [3.61]
实际利率(%)		0.047*** [3.15]		0.044*** [2.95]		0.049*** [3.11]

续表

异方差(聚类)修正的固定效应

	双变量	控制变量	双变量	控制变量	双变量	控制变量
通货膨胀率(%)		−0.001 [−0.89]		−0.001 [−0.96]		−0.001 [−0.95]
常数项	3.938*** [809.67]	0.190 [0.13]	3.583*** [16.00]	−0.601 [−0.43]	7.061*** [10.11]	3.926** [2.07]
样本数 N	6 566	3 237	6 566	3 237	6 638	3 273
组内 R^2	0.012	0.047	0.000	0.041	0.007	0.047

注:括号内为 t 统计量, * 表示 p 值小于 0.1, ** 表示 p 值小于 0.05, *** 表示 p 值小于 0.01。
资料来源:世界银行。

表 4.6　国家规模与 GDP 增长——小国家,1960—2007 年

异方差(聚类)修正的固定效应

	双变量	控制变量	双变量	控制变量	双变量	控制变量
主成分分析规模指数	−3.467*** [−6.01]	−4.604* [−1.68]				
Jalan 规模指数			−1.901 [−0.74]	−9.644* [−1.74]		
人口(对数化)					−1.864*** [−4.27]	−2.465*** [−2.90]
贸易开放度		5.533*** [3.39]		5.381*** [3.17]		5.758*** [3.48]
实际利率(%)		0.053*** [3.66]		0.051*** [3.51]		0.056*** [3.68]
通货膨胀率(%)		−0.001 [−0.79]		−0.001 [−0.86]		−0.001 [−0.82]
常数项	2.957*** [18.56]	−2.030* [−1.64]	4.352*** [7.35]	1.124 [−0.69]	6.385*** [11.04]	2.192 [1.19]
样本数 N	5 903	2 815	5 903	2 815	5 903	2 815
组内 R^2	0.012	0.053	0.000	0.050	0.007	0.054

注:括号内为 t 统计量, * 表示 p 值小于 0.1, ** 表示 p 值小于 0.05, *** 表示 p 值小于 0.01。
资料来源:世界银行。

表 4.7 显示了对 OECD(国家即小型和大型的富裕国家)的固定效应估计结果。主成分分析指数与 GDP 增长之间的条件相关性为负且显著,但如果纳入经济控制变量,这一相关性就会降低。当以人口规模来表示国家规模时,它与 GDP 增长的关系在 1960—2007 年间为显著负相关。的确,在发展水平相当的 OECD 国家中,人口的异质性比 GDP 的异质性大得多。这里所看到的对增长的负规模效应更可能是人口因素造成的。增长和贸易之间的相关性在早期并不显著,可能是因为大多数 OECD 国家在样本时期的初期已经实现工业化,并且未将贸易作为推动经济起飞的工具,而是将其作为经济持续发展的工具。从通货膨胀和利率的显著性可以看出,周期性因素似乎能更好地决定经济绩效。更准确地说,通货膨胀与经济增长呈负相关,这证实了 Baldwin(2003)所指出的宏观经济稳定对经济增长具有重要意义的观点。实际利率与经济增长也存在负相关关系,凸显了信贷的易得性对促进经济增长的重要性。

表 4.7　国家规模与 GDP 增长——OECD 国家,1960—2007 年

异方差(聚类)修正的固定效应

	双变量	控制变量	双变量	控制变量	双变量	控制变量
主成分分析规模指数	-5.271^{***} [-3.30]	-4.077^{*} [-1.00]				
Jalan 规模指数			0.687^{*} [1.97]	0.282 [1.06]		
人口(对数化)					-5.441^{***} [-4.45]	-12.59^{**} [-2.87]
贸易开放度		1.465 [0.88]		1.377^{***} [0.78]		4.436^{***} [2.99]
实际利率(%)		-0.105^{**} [-2.52]		-0.129^{***} [-3.61]		-0.074^{**} [-2.30]
通货膨胀率(%)		-0.118^{***} [-3.14]		-0.125^{***} [-3.09]		-0.141^{***} [-3.93]

续表

异方差(聚类)修正的固定效应

	双变量	控制变量	双变量	控制变量	双变量	控制变量
常数项	9.627*** [5.24]	8.922 [1.55]	2.454*** [4.39]	3.115* [1.85]	17.62*** [5.57]	36.25*** [3.10]
样本数 N	1 302	786	1 302	786	1 302	786
组内 R^2	0.044	0.116	0.005	0.110	0.052	0.202

　　注:括号内为 t 统计量, * 表示 p 值小于 0.1, ** 表示 p 值小于 0.05, *** 表示 p 值小于 0.01。
　　资料来源:世界银行。

　　无论 1999—2007 年间的样本规模如何,表 4.8 中对欧元区国家的估计展现了另一种状况。虽然我们强调人口与 GDP 增长之间存在显著为负的条件相关性,而贸易存在明显的正系数,但采用主成分分析和 Jalan 指数,系数为正且不那么显著。尽管可能存在小样本偏差,但通过单一市场和货币联盟实现的欧洲一体化,似乎在很大程度上使其人口最少的成员国受益。三个规模维度(人口、GDP 和可耕地面积)的影响在欧元区似乎存在很大差异:仅考虑人口的影响是负相关的,而一国 GDP 和可耕地面积的影响则是正相关的。这两种影响可能都只针对欧元区和建设中的欧盟。为什么耕地对经济增长有正的影响? 对此的一个可能的解释是,诸如西班牙、爱尔兰以及更小的芬兰等国家从欧盟结构基金受益很多,在样本期间伴随相当大的区域效应(从农业和工业转向新兴服务业和房地产行业),这些国家实现经济快速追赶,因此,GDP 增长了。对 GDP 正向效应的另一个解释是在欧元区和欧盟统一的制度框架下规模变大而产生正外部性。相比小成员国,货币政策、欧盟政策或是欧盟基金的分配更多的是关注和围绕重要成员国的利益而设计的。例如,对于不遵守《稳定与增长公约》GDP 的 3% 赤字规定的大国,人们表现出比对小国更大的容忍度。

表 4.8 国家规模与 GDP 增长——欧元区国家,1999—2007 年

异方差(聚类)修正的固定效应

	双变量	控制变量	双变量	控制变量	双变量	控制变量
主成分分析规模指数	4.931*	14.28***				
	[1.84]	[7.23]				
Jalan 规模指数			0.132	11.22**		
			[0.06]	[2.59]		
人口(对数化)					−14.67**	−44.53***
					[−2.49]	[−5.41]
贸易开放度		6.493***		7.789***		5.221**
		[5.24]		[3.69]		[2.49]
实际利率(%)		−0.099		−0.032		−0.104
		[−1.04]		[−0.28]		[−1.00]
通货膨胀率(%)		−0.270*		−0.132		−0.222
		[−1.75]		[−0.93]		[−1.50]
常数项	0.444	−11.65***	3.031**	−12.11***	32.74**	95.36***
	[0.31]	[−7.66]	[2.42]	[−3.16]	[2.75]	[4.88]
样本数 N	134	75	134	75	134	75
组内 R^2	0.024	0.328	0.000	0.232	0.063	0.366

注:括号内为 t 统计量,* 表示 p 值小于 0.1,** 表示 p 值小于 0.05,*** 表示 p 值小于 0.01。

资料来源:世界银行。

我们之前提及所谓的"金砖四国"(巴西、俄罗斯、印度和中国),即快速增长的大型新兴经济体。表 4.9 显示,贸易(不区分制成品和自然资源)与其增长有关。对于这四个国家来说,规模与增长也呈负相关。除了控制变量,相比于其他发展水平相当,但国内市场规模和政治影响力更小的国家,金砖四国还受益于基础设施的繁荣[①]以及对外商投资更大的吸引力。

[①] 据《经济学人》(*The Economist*)报道,2008 年金砖国家基础设施投资占 GDP 的 6%,是发达国家的两倍。

表 4.9 国家规模与 GDP 增长——金砖国家，1980—2007 年

异方差(聚类)修正的固定效应

	双变量	控制变量	双变量	控制变量	双变量	控制变量
主成分分析规模指数	-6.592 [-0.62]	-7.847^* [-5.30]				
Jalan 规模指数			-0.763 [-0.60]	-2.691^{***} [-32.75]		
人口(对数化)					2.323 [1.10]	-2.193^* [-4.15]
贸易开放度		12.23** [6.72]		15.41** [11.12]		10.05* [3.49]
实际利率(%)		-0.112^{**} [-6.62]		-0.106^{**} [-7.17]		-0.128^{**} [-5.92]
通货膨胀率(%)		$-0.008\,22$ [-1.15]		$-0.013\,8$ [-2.48]		$-0.005\,11$ [-0.51]
常数项	25.95 [0.77]	28.58** [5.58]	10.2 [1.22]	21.34*** [24.96]	-8.922 [-0.70]	18.19* [5.30]
样本数 N	102	72	102	72	102	72
组内 R^2	0.023 8	0.51	0.005 55	0.557	0.004 45	0.493

注:括号内为 t 统计量，* 表示 p 值小于 0.1，** 表示 p 值小于 0.05，*** 表示 p 值小于 0.01。

资料来源:世界银行。

4.3.3 讨论

研究结果显示，不同的国家规模测度下，GDP 增长与国家规模之间呈现出稳健的负相关关系。包括小国、OECD 国家甚至金砖国家在内的所有国家，国家规模与经济增长速度之间存在负的条件相关性。因此，规模的负效应似乎超过其正向影响。而欧元区表现出相反的结果，这可能是因为其独特的制度框架和一体化机制(以及潜在的小样本偏差)。尽管对某些国家组群可能存在模型设定失误和小样本问题，但我们关于国家规模对其增长产生非中性影响的研究结果应如何与现有理论(在第 4.2 节中提到)相吻合?

我们的结果与古典以及内生增长理论都不一致。事实上,规模效应可能只是索洛增长模型的一种人为设定。主成分分析规模指数和 Jalan 指数都包含同期 GDP,研究增长的文献(Barro and i Martin,2003)指出:人均 GDP 较高的国家,条件性人均 GDP 增长较低(所谓的 β 收敛)。由于人均 GDP 的对数等于 GDP 的对数减去人口的对数,这意味着在其他条件不变的情况下,人均 GDP 增长与 GDP 对数负相关。索洛模型还预测,人口增长率越高,人均 GDP 增长率就越低。因此,如果样本中大国平均人口增长率越高,则在简化回归中人口系数的符号也应该为负。这种推理基于两个假设:第一,样本中,国家规模与人口增长率正相关;第二,国家规模与人均 GDP 正相关。表 4.10 和表 4.11 提供了相反的证据,因此,本节所提供的实证结论不同于索洛增长模型的假定。此外,将之前的估计数与以人均 GDP 增长为因变量的回归进行比较发现,尽管国家规模与人口增长之间的相关性可以忽略不计,但国家规模与人均 GDP 增长呈显著的负相关关系。这表明,前述的国家规模效应的确对 GDP 增长有影响。

表 4.10　国家规模和人口增长的相关系数

变　量	主成分分析规模指数	Jalan 规模指数	人口	人口增长
主成分分析规模指数	1			
Jalan 规模指数	0.538	1		
人口	0.959	0.510	1	
人口增长	−0.033	−0.087	−0.047	1

表 4.11　国家规模和人均 GDP 的相关系数

变　量	主成分分析规模指数	Jalan 规模指数	人口	人均 GDP	人均 GDP 增长
主成分分析规模指数	1				
Jalan 规模指数	0.538	1			
人口	0.959	0.510	1		
人均 GDP	0.165	0.239	0.017	1	
人均 GDP 增长	0.002	0.048	−0.003	0.054	1

人们可能还会说,我们没有提出规模集约型增长的大国优势,因为如 Antweiler 和 Trefler(2002)所说的,大国具有规模收益递增行业的普及率较低。我们可以进一步论证,大规模带来的运输、交易、异质性成本,或者换个角度说,小规模带来的同质性、密度、更高效率和适应性的优势,能很好地解释国家规模对 GDP 增长的影响。贸易开放的系数总是为正,对小国来说更是如此。这与解释自由贸易环境下小国出口导向型增长的理论是一致的,这种增长模式成为新兴经济体发展的最成功范例。小国更高的增长率可能部分是由于其贸易开放度更高。比较主成分分析规模指数和人口规模测度的系数表明,人口规模与经济增长的负相关程度可能比 GDP 规模和土地面积更深。

表 4.12　稳健性与索洛模型的对比:人均 GDP 作为因变量

异方差(聚类)修正的固定效应			
主成分分析规模指数	$-0.038\,6^{*}$ $[-1.75]$		
Jalan 规模指数		$0.003\,39$ $[1.04]$	
人口(对数化)			$-0.013\,2^{*}$ $[-1.67]$
贸易开放度	$0.050\,8^{***}$ $[3.97]$	$0.048\,3^{***}$ $[3.63]$	$0.050\,3^{***}$ $[4.09]$
实际利率(%)	$0.000\,480^{***}$ $[3.20]$	$0.000\,458^{***}$ $[3.04]$	$0.000\,475^{***}$ $[3.04]$
通货膨胀率(%)	$-0.000\,003$ $[-1.03]$	$-0.000\,003$ $[-1.08]$	$-0.000\,003$ $[-1.03]$
常数项	$-0.014\,9$ $[-1.24]$	$-0.021\,8^{*}$ $[-1.94]$	$0.002\,76$ $[0.17]$
样本数 N	3 237	3 237	3 273
组内 R^2	0.048 5	0.044 5	0.046 0

注:括号内为 t 统计量, * 表示 p 值小于 0.1, ** 表示 p 值小于 0.05, *** 表示 p 值小于 0.01。

4.4 国家规模和增长波动性

4.4.1 初步分析

考察国家规模与产出波动之间的相关性,排除样本均值的散点图4.5、图4.6、图4.7和图4.8中的异常值①,结果显示两者具有更强的负相关性。这一结论适用于整个样本(图4.5),且在1980年后更明显(图4.6),反映了世界经济更动荡的发展趋势。小国(图4.7)和欧元区成员国(图4.8)体现了两者负相关性,与Furceri和Karras的结果一致。

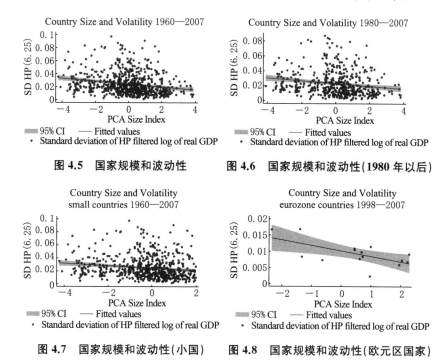

图4.5　国家规模和波动性　　　图4.6　国家规模和波动性(1980年以后)

图4.7　国家规模和波动性(小国)　图4.8　国家规模和波动性(欧元区国家)

4.4.2 估计结果

现在重点考察我们的规模指数和增长波动性之间的关系,仍然依

———————————

① 当HP周期成分(平滑参数为6.25)的标准差超过0.1时,排除观测值。

赖于能够经受异方差考验的固定效应估计(将标准误聚类于国家水平)。我们用 HP 滤波法测量的波动性作为基准参照。表 4.13 的结果显示,主成分分析规模指数和人口规模的估计系数对所有国家都显著为负,与对 GDP 增长的影响相比,下降了十倍。统计上看,小国比大国更容易出现增长率的波动。引人注目的是,贸易开放系数从来就不显著,这与我们预期它应与产出波动相关是矛盾的。根据 Easterly、Islam 和 Stiglitz(2000)的观点,金融风险敞口和资本流动可能是宏观经济波动更重要的来源。

表 4.13　国家规模和 HP 滤波波动性——全样本,1960—2007 年

异方差(聚类)修正的固定效应

	双变量	控制变量	双变量	控制变量	双变量	控制变量
主成分分析规模指数	−0.017 *** [−3.17]	−0.020 *** [−2.01]				
Jalan 规模指数			−0.005 [−1.30]	−0.002 [−1.70]		
人口(对数)					−0.012 *** [−2.98]	−0.020 *** [−3.08]
贸易开放度		0.001 [0.03]		−0.003 [−0.27]		0.004 [0.34]
实际利率(%)		−0.001 [−1.45]		−0.001 * [−1.67]		−0.001 [−1.16]
通胀率(%)		0.000 [1.54]		0.000 [1.38]		0.000 [1.42]
常数	0.026 *** [154.95]	0.029 *** [3.74]	0.030 *** [11.82]	0.031 *** [4.05]	0.046 *** [7.32]	0.058 *** [6.00]
样本量	733	447	733	447	743	452
组内 R^2	0.024	0.056	0.001	0.046	0.031	0.072

注:括号内为 t 统计量, * 表示 p 值小于 0.1, ** 表示 p 值小于 0.05, *** 表示 p 值小于 0.01。

资料来源:世界银行。

对于小国,表 4.14 中的结果与整个样本的结果非常相似。从数量上看,一个单位主成分分析(或 1％的人口)的规模下降平均提高约 0.02％的增长波动性,证实了周期性波动的易发性。对于欧元区(见表 4.15),其国家规模似乎对产出有更稳定的影响,这是因为主成分分析规模指数和人口规模所测度的系数显著为负,大约是样本整体系数的两倍(对所有国家来说,介于-0.05 和-0.02 之间)。的确,由于贸易和投资一体化水平很高,波动较小的大国可能会对其伙伴国产生更大的影响,能减少其波动。此外,由于当前贸易开放在解释产出波动性方面呈现显著负相关性,欧元区再次显示了它的特殊性。

表 4.14　国家规模和 HP 滤波波动性——小国,1960—2007 年

异方差(聚类)修正的固定效应

	双变量	控制变量	双变量	控制变量	双变量	控制变量
主成分分析规模指数	−0.017*** [−3.09]	−0.021*** [−1.96]				
Jalan 规模指数			−0.048** [−2.02]	−0.043 [−1.52]		
人口(对数)					−0.015*** [−3.92]	−0.020 [−3.02]
贸易开放度		0.001 [0.09]		−0.001 [−0.12]		0.006 [0.47]
实际利率(％)		−0.001 [−1.51]		−0.001* [−1.70]		−0.001 [−1.22]
通胀率(％)		0.000 [1.34]		0.000 [1.16]		0.000 [1.25]
常数	0.023*** [13.24]	0.023** [2.27]	0.040*** [7.17]	0.039*** [4.49]	0.048*** [9.52]	0.052*** [5.61]
样本量	662	393	662	393	662	393
组内 R^2	0.024	0.059	0.004	0.051	0.042	0.076

注:括号内为 t 统计量,* 表示 p 值小于 0.1,** 表示 p 值小于 0.05,*** 表示 p 值小于 0.01。

资料来源:世界银行。

在单一市场的背景下,贸易似乎对经济周期起着稳定锚作用,而不是扮演波动性源头的角色。[①]现在,采用简单的差分或标准差检验国家规模对波动性的影响,并验证通过 HP 滤波方法所获实证结果的稳健性。用标准差消除长期趋势,系数如预期般变得更大,则证明国家规模与经济周期波动之间存在很强的负相关和显著的条件相关性(见表 4.16)。我们证实了贸易无法解释波动性,这支撑了小国波动性较高是受其他因素驱动这一假设。

表 4.15 国家规模和 HP 滤波波动性——欧元区国家,1998—2007 年

异方差(聚类)修正的固定效应

	双变量	控制变量	双变量	控制变量	双变量	控制变量
主成分分析规模指数	−0.03 [1.35]	−0.048*** [−2.89]				
Jalan 规模指数			0.004 [1.52]	−0.014** [−2.00]		
人口(对数)					−0.047** [−2.54]	0.034 [1.09]
贸易开放度		−0.028*** [−3.84]		−0.021** [−2.07]		−0.024** [−2.08]
实际利率(%)		0.001*** [5.28]		−0.001*** [4.90]		0.001*** [7.03]
通胀率(%)		0.001** [2.36]		0.001** [2.27]		0.001 [1.19]
常数	−0.005 [−0.41]	0.065*** [4.39]	0.009*** [4.93]	0.038*** [2.64]	0.105*** [2.86]	−0.043 [−0.71]
样本量	30	26	30	26	30	26
组内 R^2	0.069	0.815	0.002	0.746	0.143	0.747

注:括号内为 t 统计量,* 表示 p 值小于 0.1,** 表示 p 值小于 0.05,*** 表示 p 值小于 0.01。

资料来源:世界银行。

---

① 我们没有发现金砖国家的国家规模与产出波动性之间具有相关性。

表 4.16　国家规模和标准差波动性——全样本，1960—2007 年

异方差（聚类）修正的固定效应

	双变量	控制变量	双变量	控制变量	双变量	控制变量
主成分分析规模指数	−3.547*** [−3.52]	−3.087*** [−1.82]				
Jalan 规模指数			0.715 [−1.32]	−0.283* [−1.75]		
人口（对数）					−2.383*** [−3.12]	−2.634*** [−2.62]
贸易开放度		−1.174 [−0.87]		−1.660 [−1.23]		−0.769 [−0.60]
实际利率（%）		−0.029 [−1.28]		−0.04* [−1.72]		−0.019 [−0.82]
通胀率（%）		0.002 [1.13]		0.001 [0.97]		0.001 [1.00]
常数	4.128*** [115.36]	5.329*** [4.95]	4.713*** [13.55]	5.662*** [5.12]	8.085*** [6.68]	9.334*** [5.14]
样本量	729	446	729	446	739	451
组内 R^2	0.047	0.052	0.001	0.037	0.056	0.069

　　注：括号内为 t 统计量，* 表示 p 值小于 0.1，** 表示 p 值小于 0.05，*** 表示 p 值小于 0.01。

　　资料来源：世界银行。

4.4.3　讨论

　　尽管不同估计的显著性水平有差异，但我们认为国家规模与经济周期波动之间存在负条件相关关系。其他因素如市场规模（通过 GDP）或未包括在我们的研究中，因为生产或金融联系的多样化也可以解释为什么国家规模与经济周期波动负相关。几个理论可以用来解释我们发现的国家规模与经济周期波动之间的负相关关系。除了 4.1 节涉及的理论外，大国表现出更高增长率惯性这一直观可以用 Hicks 的聚合定理（aggregation theorem）来解释：一国生产的规模报酬是不

同地区生产报酬的加权平均值（根据相对 GDP 份额）。这暗示着规模越小的区域或国家聚合体，其波动性越高。相比之下，另一个发现是，贸易开放似乎不是对国际经济波动具有脆弱性的来源，因为它与更高的产出波动无关。因此，小国对外部冲击更敏感、波动性更大，最有可能是因为其专业化程度更高。的确，贸易的系数小且不显著，这表明更高的贸易开放度并不一定意味着更易遭受外部冲击。

结论

国家规模、经济绩效与经济周期波动之间的关系是什么？为了回答这个问题，我们使用主成分分析法构建了新的国家规模指数，该指数不仅包括其他相关文献中所采用的国家规模的人口因素，还包括 GDP 和耕地面积。因此，我们捕捉到一个比人口更全面的规模效应。

我们利用 1999—2007 年 163 个国家的年度面板数据，得出与 Rose（2006）观点相反的结论，我们认为所有国家的国家规模与 GDP 增长之间存在显著的负条件相关性。对于小国、OECD 国家甚至金砖四国等某些组群，这种关系甚至更显著。对于欧元区国家而言，对这种关系的解释则更复杂，因为国家规模中的人口规模与 GDP 增长呈负相关关系，但我们的主成分分析规模指数显示出一个正且显著的系数。我们猜想这可能是由于欧洲一体化的特殊影响，这一影响将在下一章重点阐述。

我们证实了 Furceri 和 Karras（2007）所阐述的国家规模与增长波动性之间具有负条件相关性。这些结果在统计上是显著的，而且对三种国家规模和产出波动的相关性都是稳健的。我们引入的主成分分析规模指数的测度支持我们的假设，即当考虑到增长及其波动性时，一个国家的规模不仅仅要靠其人口数量来衡量。此外，我们证实，贸易开放有利于长期增长,但没有证据表明贸易开放加剧了增长波动性。这些发现隐晦地表示产业专业化和金融风险敞口是增长波动性更有力的解释因素。

进一步分析国家规模和经济表现可能需要深入研究较难量化的制度和政策等因素。Rodrik(1998)认为政府在面对全球不确定性时发挥了稳定收入的作用。这种现象被称为"风险敞口缓冲",它解释了为何越开放的经济体倾向于拥有规模更大的政府。Fatas 和 Mihov(2009)研究表明,自由裁量权较小的财政政策能够降低波动性,从而促进增长。我们强调欧元区的国家规模、经济绩效和波动性之间存在显著负相关性,欧元区展示了货币联盟背景下国家规模与之特殊的作用机理。

第5章 欧元区的国家规模、经济绩效和政治经济学:一个实证研究[*]

摘　要

国家规模如何影响经济绩效最近再次成为一个引人注目的问题,特别是 Rose(2006),她发现对于全球而言,国家规模与其经济绩效之间没有明确的关系。然而,在考察欧元区国家的经济绩效时,快速增长的小型经济体和较大的落后经济体之间出现了"规模鸿沟"。我通过研究欧元区的制度设计来解释这一现象,这些制度设计是指《稳定与增长公约》和欧洲央行政策如何适应欧元区较小经济体的经济结构和政策而阻碍较大经济体的经济结构和政策。我运用 1998—2008 年欧元区 15 个国家的面板数据来检验这些"政治经济学"假设。我运用 1960—1998 年前货币联盟时期和选择退出货币联盟的国家的数据进行稳健

---

　*　这一章的节略本已在法国发表,见法国《金融时报》(*Revue de l'OFCE*)2010 年第 112 期《欧元区薪酬、绩效经济学和政治经济学评论》("Taille des Pays, Performanceéconomique et Économie Politique de la Zone Euro")。

性检验。计量经济学分析结果证实,在某种程度上,经济绩效的"规模分歧"是货币联盟的副产品。

引言:欧元区和"规模鸿沟"的典型化事实

最近,国家规模如何影响经济绩效的问题重新引起人们关注,特别是 Rose(2006)及在他之前的 Armstrong 和 Read(1998)曾发现:国家规模(以人口规模衡量)并不影响经济绩效。然而,当考察欧元区①国家的经济表现时,在快速增长的小型经济体和较大的落后经济体之间出现了"规模鸿沟"。这一现象是本章研究的动力,欧元区经济绩效和国家规模的典型化事实表明了这一现象。用来衡量经济绩效的指标有:增长率、通货膨胀率、失业率和外部平衡。这些也是 Kaldor(1971)"魔方"(magic square)的组成部分,代表了四个不可能同时实现的经济政策目标,因为它们彼此间存在一系列的权衡博弈(失业率和通胀之间的负相关,为最著名的菲利普斯曲线所反映)。政府的总体结构平衡也被纳入经济表现中,作为《马斯特里赫特条约》的标准之一。我们研究所涵盖的时间范围包括 1998—2008 年,因此始于货币联盟最后阶段启动的前一年。

参照 Rose(2006),Alesina、Spolaore 和 Wacziarg(2005)的做法,我采用了人口数量作为国家规模的衡量指标。在被研究的 15 个国家中,德国、法国和意大利符合大国标准;而其他国家都被认为是"小国"

---

① 在本章中,欧元区(euro area)、欧元区(euro zone)和欧洲经济与货币联盟(EMU)均表示截至 2008 年 1 月 1 日,欧元区的 15 个国家(奥地利、比利时、塞浦路斯、德国、希腊、芬兰、法国、意大利、爱尔兰、卢森堡、马耳他、荷兰、葡萄牙、斯洛文尼亚和西班牙),这几个名词将互换使用。令人困惑的是,所有欧盟成员国都是欧洲经济和货币联盟的成员国,但处于不同的一体化阶段。因此,当提到欧洲经济与货币联盟时,我们指的是处于最后阶段(或采用欧元阶段)的国家。

（下一节将讨论国家规模的其他测度排列情况和决定因素）。图 5.1—
图 5.6 展示了国家规模（以人口衡量）和 GDP 增长、通胀、外部平衡和
总政府收支平衡的负相关关系，而与失业呈正相关关系，因此，人们可
以说欧元区在经济绩效的所有方面都存在规模鸿沟。更具体地说，图
5.2 说明了国家规模与欧元区平均增长差距之间的关系，从而突出了小

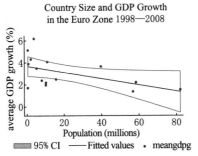

图 5.1　国家规模和增长

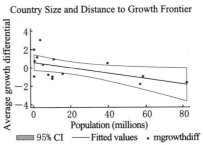

图 5.2　国家规模和增长前沿的距离

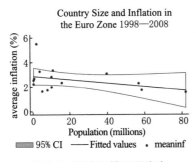

图 5.3　国家规模和通胀率

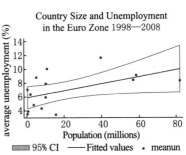

图 5.4　国家规模和失业率

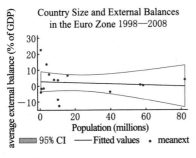

图 5.5　国家规模和外部平衡

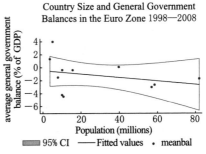

图 5.6　国家规模和政府预算平衡

国的表现如何优于欧元区平均水平,而大国的表现如何低于欧元区平均水平的情况。引用 Buti 和 Pench(2004)的话来说,"欧元区经济体的规模与增长率之间存在显著的负相关关系"。

本章研究的目的并不是声称良好的经济绩效和国家规模的关系是完全成反比的。把事情弄得非黑即白是愚蠢的,尤其是当政治和经济之间存在如此复杂的互相作用时。的确,图 5.1—图 5.6 显示了各种回归拟合结果,为欧元区国家中的规模鸿沟提供了一幅细致入微的快照。国家内部的差异有时大于不同国家之间的差异。不可否认,每个国家本身就是一个特例;但不同的群组也是可以识别的。首先,欧元区新成员斯洛文尼亚、塞浦路斯和马耳他是离群值。这些小国仍处于迎头赶上的阶段,因此必然会与比荷卢经济联盟(比利时、荷兰、卢森堡)或爱尔兰有所不同。在较小程度上,希腊和葡萄牙不符合规模鸿沟的情况,因为这些小国仍处于克服欧元平价带来的竞争力下降的过程中。

文献综述

关于国家规模及其"经济后果"(economic consequences)的文献可最早追溯到罗宾逊(Robinson,1960),他指出了小国的脆弱性,但同时也指出了小国具有更强的适应能力。Katzenstein(1985)进一步阐述了小国的工业化和贸易一体化战略,这些战略在贸易自由化背景下对西欧尤为有利。相应地,Rodrik(1998)以及 Alesina、Spolaore 和 Wacziarg(2005)强调了国家规模与经济开放之间显著的负相关关系。

本章主要研究在货币联盟背景下不同国家规模的经济后果或结构异质性的来源,因此适合归入异质性货币联盟和经济差异的文献。甚至早在货币联盟成立之前,Armstrong 和 Read(1995)就已经讨论了欧盟内部小国更好的表现并将其归因于金融服务业或旅游业的经济专业化。这些研究强调欧元区的"规模鸿沟"，如 Laurent 和 Le Cacheux (2006)强调了 1996—2004 年欧元区规模大与经济绩效良好（涉及增长、通胀、公共赤字和失业）之间存在系统性的负相关关系。Napoletano 和 Gaffard(2009 年)使用参数估计表明，在货币联盟成立后的十年中，规模大的欧元区国家的经济表现不如较小的国家，部分原因是大国主要依赖国内需求而非外部需求。类似地，Feldmann(2006)证明了欧盟国家的国家规模和失业率是正相关的。Saint-Paul(2004)指出，给定货币联盟的激励结构与规模较小的成员国相比，较大的成员国改革本国劳动力市场的可能性更小。Buisan 和 Restoy(2005)详细介绍了货币联盟中国家规模和经济差异是如何联系在一起的。这些差异同样扎根于货币联盟的各种制度设计。Barbera 和 Jackson（2006）或 Thorhalsson(2006)的研究表明，对欧盟和货币联盟中的小国和大国的制度和经济激励是不同的。Casella(1995)利用一种具有规模经济的新经济地理模型，预测欧盟扩张将给小国带来更大的收益。Buti 和 Pench(2004)，Fitoussi 和 Le Cacheux(2005)，Chang(2006)都强调了《稳定和增长公约》在小国和大国之间造成的不对称影响。最后，Canzoneri、Cumby 和 Diba(2005)以及 Bonnaz(2003)关注的是欧洲央行主导的共同货币政策对不同规模国家的影响，特别侧重于通货膨胀的差异。

　　本章进一步分析了欧元区国家规模与经济绩效之间的相互作用。为实现此目的，本章阐述了国家规模的不同规格标准，并详细说明了欧盟和欧元区内的结构和收益(5.1 节)。然后，简要地描述了欧元区规模的政治经济学，即研究了国家规模如何影响经济政策的实施，重点集中在《稳定与增长公约》和欧洲央行(5.2 节)。下结论之前，本章使用动态面板估计(5.3 节)进行计量经济分析，对"规模鸿沟"假设进行了检验。

5.1   欧洲经济与货币联盟中的国家规模：定义、结构和收益

5.1.1   国家规模：定义和相对性

欧盟由人口和经济规模差异很大的国家组成的。2007 年的人口从 400 000（马耳他）到约 8 200 万（德国）不等，而 GDP 从大约 50 亿欧元（马耳他）到 25 000 亿欧元（德国）不等。国家规模包括许多维度：领土、人口、经济和政治实力。分析的主要困难之一是这些维度之间的关系是非线性的。大的国家领土可能人口稀少，反之亦然。因此，人们排列国家顺序的方式几乎和指标一样多。虽然 GDP 是衡量经济实力的一个很好的尺度（不一定是衡量经济发展水平的，衡量经济发展水平用人均 GDP 更好），但通过诉诸 GDP 来解释经济绩效多少有点同义反复，必然会造成内生性问题。由于 GDP 与人口——即经济和人口规模之间的关系大致呈线性关系，因此在分析中，人口数量被证明是能更好地反映国家规模的指标。Laurent 和 Le Cacheux（2006）强调的一个关键点是，欧元区的国家规模及其影响应从相对角度加以理解。的确，从绝对的角度看，德国、法国和意大利都是中等规模的国家。只有在欧元区或者在欧盟中，它们才被认为是"大国"。Laurent 和 Le Cacheux（2006）采用了以下规模分类标准：人口数量占欧元区内人口最多成员国的四分之一，归入小国；占其人口一半的国家归入中等国家；占其人口一半以上的国家归入大国。根据这种分类，欧元区有三个大国——德国、法国和意大利，占欧元区 GDP 的 70％；一个中等国家——西班牙；以及 11 个小国。塞浦路斯和马耳他最近的加入也引发了一个问题，即是否应增加一个"特别小"的类别。然而，就人口而言，尽管卢森堡的经济规模大，但应归入"特别小"的类别。为清晰明了起见，我只考

虑 Laurent 和 Le Cacheux(2006)研究所划分的三类国家规模。

5.1.2　国家规模和经济结构

　　根据 Salmond(2006)的观点,人们可以将大国定义为在欧元区经济活动中占比大部分,且在市场上倾向于充当价格制定者的国家。相反,小国在欧元区经济中所占比例低,充当价格接受者。总体而言,小国往往贸易更加开放[Rodrik(1998),Alesina、Spolaore 和 Wacziarg(2005)],而大国增长则更多地依赖于国内需求。因此,小国更容易受到外部发展的冲击,且更倾向于实行扩大出口的竞争战略。而大国决策者必须致力于内部稳定问题。图 5.7 和图 5.8 显示了欧元区内小国和大国经济在开放程度(进出口之和与 GDP 的比率)和国内需求(占GDP 的百分比)方面的结构性差异。小国的确表现出更高的开放比率,而通常大国的国内需求在 GDP 中占比更高。然而,这种相反的关系在贸易开放方面要比在国内需求方面明显得多。这是大国、小国两个组别之间的核心结构性差异之一,但这是一幅有点生硬的画面:因为在欧元区内的大型经济体只能算是国际上的中等规模,需要同时应对我所定义的小国和大国的各种挑战。它们既不能忽视自身的竞争力,也不能只关心竞争力而牺牲内部的稳定性。此外,为了详细说明Alesina、Spolaore 和 Wacziarg(2005)提出的观点,即如果小国对贸易更开放,这是因为在自由贸易体制下,相对而言小国比大国从开放中获益更多;正如 Lloyd(1968)也指出了这一点:"小国从每单位国际贸易所获收益比大国更大"。小国和大国不仅在开放程度上存在差异,它们的贸易专门化也反映其不同的经济结构。如 Martins(2004)所言,小国可能无法确保具有较大规模效应的产业的生存能力,而且,Torstensson(1997)发现了实证证据,即拥有较大国内市场的国家在贸易流动中所具有的比较优势模式使其成为规模密集型产业的净出口国。

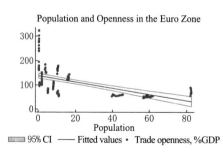

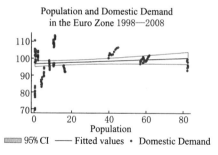

图 5.7　国家规模和开放度　　　　　图 5.8　国家规模和内需

Buisan 和 Restoy(2005)认为,小国和大国之间的这些差异转化为对冲击的不同的风险敞口和政策传导机制,从而解释了它们在经济表现上的差异。冲击的起源可能引起"规模条件性"(size-conditioned)反应。例如,对外部需求冲击的敏感度取决于开放程度,它与国家规模显著负相关。在欧元区,开放程度较低的国家包括法国、意大利、葡萄牙和希腊,而更开放的国家是比利时、芬兰、爱尔兰和荷兰。同样,由于依赖程度相近,石油价格冲击也会影响三个大国,而希腊、葡萄牙、比利时和西班牙等小国对其的依赖度更高。出口专业化也是对外部冲击反应的异质性的一个重要来源,但在这里难以确定规模模式。例如,德国的出口专业化程度与法国或意大利有很大不同。

5.1.3　脆弱性和效率

小国对国际环境更大的脆弱性实际上可能是一种变相的福气。本国市场狭小使之不能减少其出口份额,因此它们必然以更有效的方式进行生产并实现经济变革。人们还认为,小国拥有更同质化的人口,控制更小的领土面积,同时拥有更好的制度,更易达成政治共识,如罗宾逊(Robinson,1960)所言。如 Persson(2002)认为,议会联盟占上风①

――――――――――――――

① 指奥地利、比利时、芬兰、德国、爱尔兰、意大利、卢森堡、荷兰。因此,大国、小国均加入了货币联盟。

的国家也是立法凝聚力和效率更高的国家。因此,研究国家规模的问题促使我们考虑国家效率。为此,我计算了每平方千米的产量或生产率,以此说明我提出的"领土效率"(territorial efficiency)。新经济地理学的确凸显了领土效应的重要性(Krugman,1991)。虽然它假定了规模报酬递增的重要性,因而先验地赋予大国以优势,但它也考虑到经济活动的地理位置、结构和密度(通常小国的这些指标更高)。如前所述,国家规模包括几个维度,无论将国家规模限制在人口上有多么方便,仅凭人口并不构成经济的全部。关键经济要素还包括物质资源和领土。因此,有必要增加两个规模变量——GDP和耕地面积,作为经济规模与地理规模的比率来完善我的分析。有了这一"领土效率"测度,我打算不再用单一变量表示国家规模,而是在分析中引入物质资源方面的内容。而且,由于各国在人口、GDP和领土维度的排名不同,这种测度没有提供直接的"规模排名"(如人口或GDP那样),因此不应这样理解它。相反,它意在捕捉国家在特定地区的经济组织方面的结构性差异。图5.9和图5.10提供了"领土效率"的快照。根据所选指标(生产力或每1 000平方千米的产出,另一种替代测度见附录图C.1),各国的排名

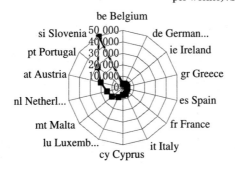

Measuring territory efficiency: Productivity per thousand of square km (2006)

(Active Population*productivity per worker) /Surface Area

图5.9 相对于生产力的领土效率

Measuring territory efficiency: Output per thousands of square km (2006)

GDP/Surface Area

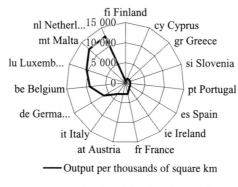

图 5.10　相对于产出的领土效率

不同。然而，人们可以注意到，南部小国和新成员国的领土效率相对较低，三个大国的领土效率中等，荷兰和卢森堡的效率较高。

　　分析中，我保留了一个相当简单的 GDP 对土地面积的比率（每1 000平方千米的产出），作为衡量领土效率[①]的指标。这一测度方法远非十全十美，我们应当意识到，它的值可能被相对小或各自较大的领土（相对于经济规模而言）推高或推低，马耳他和法国的极端案例就说明了这一点。但它提供了经济活动密度的关键信息，尽管仍有改进的空间和潜力。

　　图 5.11 显示了一国 GDP 增长率和领土效率的比率。三组国家可能是不同的。第一，具有较高领土效率的国家是比、荷、卢三国和马耳他。比、荷、卢三国位于"蓝香蕉"区域的中心（或是经莱茵河流域、从英格兰南部跨越意大利北部的欧洲经济核心），并且是典型的非常开放和高效的小型经济体。毋庸置疑，这些小国在领土上广泛扩张的可能性不大。另一方面，领土效率最低的那组国家主要是新加入国和较不发

　　[①]　Gallup，Sachs 和 Mellinger(1999)创建了一个类似的指标，称为"GDP 密度"(GDP density)，计算方法是人均 GDP 乘以每平方千米的人口数量。

达国家(塞浦路斯和斯洛文尼亚)或是经济结构仍处于追赶中的国家(希腊、葡萄牙和西班牙)。德国在领土效率方面表现良好,但显然这受益于其相对较小的领土面积(在欧盟中排名第四位)。

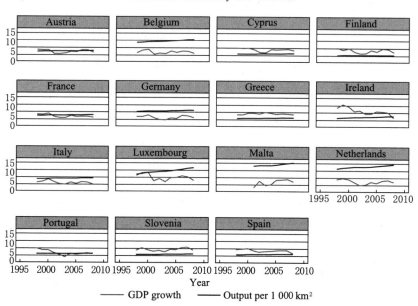

Territorial Efficiency and Growth

图 5.11 领土效率和 GDP 增长

中等规模组群由奥地利、法国、爱尔兰和意大利组成。该组的法国和意大利两个大国具有不同的领土结构。法国仍在推进分权政策以克服巴黎权力畸大的问题;而意大利则展示了工业中心的密集网络,并与过时的产业结构(尤其是南部地区)作斗争。爱尔兰和奥地利是两个领土效率中等的小国:奥地利位于欧洲大陆的中心,其发展战略充分利用了其地理区位的优势,它已成为与新东欧成员国进行交易和投资的中心。爱尔兰将自身的岛国性质内部化了:通过对跨国公司和外包服务中心实施有吸引力的财政政策,克服了相对偏远和与世隔绝的问题。然而,仍然有两个特殊情形:马耳他的领土效率被其很小的领土推高,而芬兰的领土效率则被其较大的领土面积拉低了,因此,我们不能用 GDP 与领土的比率准确地评估它们各自的领土效率。至于领土效率如何与 GDP 增长相联系,图 5.11 反映了这一主题的复杂性:在国家和欧元区两种层面相互作用的若干变量解释了各国在经济表现方面的差异性。然而,如果一个国家经历了较长的 GDP 增长期,GDP 对领土面积的比率将随着时间的推移而上升。由于 GDP 不是一个周期性指标,而是一个具有惯性的经济总量指标,因此,GDP 与领土面积的比率提供了一国经济演变更具结构性或着眼于长期的图景。值得注意的是,在 1998—2008 年间,大多数国家在领土效率方面停滞不前,只有小经济体(比、荷、卢、爱尔兰和马耳他)的领土效率在提升,但德国是个例外(这一现象可能是由于新的联邦政府迎头追赶所致)。

为了更好地探寻领土效率与经济活动再分配之间的相互作用,我在表 5.1 中用人口密度以及最大城市人口居住的百分比(代表经济活动的集中度)计算这些相关性。

表 5.1 领土变量的相关性

变　　量	GDP 增长	每 1 000 平方千米的产出	人口密度	最大城市的人口数(％)
GDP 增长	1			
每 1 000 平方千米的产出	−0.209 4	1		
人口密度	−0.193 4	0.919 2	1	
最大城市的人口数％	−0.170 1	−0.150 8	−0.212 7	1

表 5.1 显示,人口密度与领土效率(＋0.919 2)高度相关,证实了这一假设,即人口稠密的小国有效利用其领土。而经济活动集中度与之相反,尽管负相关的程度不高(−0.150 8)。此外,领土效率与国家规模(以人口计)之间的关系既不是明显为正,也不是明显为负(见附录中

的图 C.2),这一结果很有意义,因为它将防止在国家规模的经济影响方面出现过分简单或夸大的结果。既然我们已经看到国家规模如何影响一国经济结构,现在是时候关注欧盟和欧元区国家的制度以及小国如何从中获益了。

5.2 欧元区国家规模的政治经济学分析

欧盟,或欧元区,不能被视为一个纯粹的经济组织。它们的政治本质使得对其运作的纯粹经济分析的效果并不理想。货币联盟的创立主要由政治原因驱动,而非出于最优经济理论。由于欧洲的政策是建立在主权国家之间的制度平等和经济趋同的前提下,所以它们通常被称为"一刀切"的政策。这种不承认欧盟和欧元区内部国家规模的做法将损坏经济成果,因此有必要勾勒出欧元区国家规模的政治经济学框架。换言之,国家规模作为不可内部化的异质性来源,我们考察它如何预先决定一国经济在欧元区中的表现。为此,我首先关注欧盟的一般制度框架,然后再讨论欧元区的经济政策设置。

5.2.1 欧盟和欧元区框架给予了小国制度上的优势

由于小国更易受到外部事态发展和欧盟制度的影响以及担心自己会被大国压制的影响,小国在加入欧盟时获得了一系列好处和保护。有趣的是,欧洲煤钢共同体在成立时包括了"三个大国"和三个小国,在这个结构中,小国显然需要额外的保障和保护,以抵御这三个大国的力量。六个创始国自然有更多的机会以自己的偏好去影响制度系统;虽然只有一个欧洲大国(英国)加入欧盟,但仍然有许多小国。给予小国的制度保护(Thorhalsson,2006)是一致决定;普遍寻求共识,即使在法律上没有必要;相对于人口数,赋予投票权的比例过高;可能阻碍少数群体的形成(每一次扩张都会自动增加可能加入联盟的数目,从而增加小国对集体决定产生影响的可能性);委员会的后勤援助和对特殊利益的承认(例如,卢森堡的银行业务和塞浦路斯的航运业务)。因此,在政治和决策权方面,欧盟成员国身份使这些小国能够发挥更大的作用。根据 Keohane(1969)的观点,小国的定义是没有大的政治权力,因为"其领导人认为小国永远不能单独行动或在一个小群体中行动,从而不能对整个体系产生显著影响"。在某种程度上,欧盟以及后来的欧元区改变了这一国际关系中的严峻事实。Rose(2006)强调了欧盟内小国新的主权规模。Barbera 和 Jackson(2006)详细阐述了小国代表性过高的问题,与之相反的大国"萎缩"也可以被精确地评估。德国和马耳他 GDP 和人口比率分别约为 1:400 和 1:160,而两国的欧洲议会代表人数和部长会议投票权的比率却分别高达 1:20 和 1:10! Creel、Laurent 和 Cacheux(2007)也表明,欧盟经济规模 70%的份额仅体现为政治规模份额的 40%,这一差异对欧洲经济与货币联盟来说是矛盾的,因为在欧洲货币联盟中,政治合作的深度要大得多。

5.2.2 什么转为了经济收益

Casella(1995)提出了一个这样的问题:是否"存在系统性力量,从而导致参与自由贸易集团的不同规模的国家从新成员的加入中获得不同的收益"。假设规模经济递增,她表明,小国内部市场和竞争力随着扩张而增加,因而从扩张中获益更多;相反,大国的国内市场在每次扩张后都会成比例地萎缩。实际上,国内市场的增长对小国企业的意义比对大国企业的更显著,竞争力的增长也是如此。欧盟为成员国提供进入一个非常巨大的单一市场的便利,淡化了国内市场规模的重要性,这显然有利于小国的发展(对它们来说国内市场规模是亟待克服的弱点)而非大国(国内市场的规模曾经是其发展的主要优势之一)。在 Casella 观点的基础上,Badinger 和 Breuss(2006)进一步指出,小国的红利并没有明显大于大国的优势,而大国优势体现在高端市场影响力、贸易、市场规模、同盟关系、人力资本和技术禀赋、生产多样性和规模经济方面。因此,不同的经济力量在贸易联盟扩张的收益分配中发挥着各自作用,而不是某种经济力量起支配作用,这使得国家规模的结果无法确定。Furcerii 和 Karras(2008a)还强调,小规模与经济周期波动性正相关,这部分解释了小成员国的脆弱性,但也解释了它们能从欧洲经济与货币联盟中获得更大收益,因为在货币联盟中经济周期被锚定。

　　总之,受保护的小国在加入欧盟和欧洲经济与货币联盟时获得了经济和政治权力,而大国则恰恰相反。例如,采用欧元之前,小国没有拥有一种可以用作"货币武器"的货币。与之相反,拥有"德国马克"的德国则放弃了很多,不仅放弃了一种国际货币,而且也使德国政府失去了以比欧洲同伴国更低利率借款的能力。随着欧元的采用,德国失去了这种独有的比较优势,而小国则获得了金融市场上更低的利率、更高的信用等级以及国际货币的庇护。正如罗宾逊(Robinson,1960)所说,在公共品提供(例如国防)方面,大国拥有比较优势,但前提是其不对外共享这种优势。简言之,可以说在加入欧洲经济与货币联盟的过程中,大国(例如德国)交换了"货币武器"(德国马克交换欧元)和经济优势(无可争议的货币领导权交换德国境外得到加强的经济稳定),而小国在经济影响力和保护方面取得了净收益。

5.2.3　欧元区的国家规模和经济治理

　　既然我们已经看到了 EMU 制度设置对大国政策的不利影响,现在让我们就《稳定与增长公约》和欧洲央行这两个欧元区主要的经济政策工具进行更全面的分析。

《稳定与增长公约》和全球需求外部性

随着货币联盟的发起,《稳定与增长公约》的设计宗旨是:必须遏制财政外部性,以免危及共同货币政策的实施(过高的国债比率或违约率而导致各国普遍利率提高)。保留的标准包括公共赤字和公共债务分别占国内生产总值 3% 和 60% 的门槛限制,因为它符合当时的数据。《稳定与增长公约》受到了许多批评,并于 2005 年 3 月进行了改革,在评估赤字时,改革能够更好地考虑一国经济周期性变化和国家特点,但其本质并未改变。很明显,该协议背后的约束逻辑考虑了大国财政政策的后果而可能强加于他国的财政外部性,如意大利的公共债务违约比希腊或爱尔兰的违约将使该地区的货币稳定面临更大的危险。

那么不遵守这些财政限制会怎样呢? Persson(2002)指出,大多数欧元区国家实行的议会比例代表制被实践证明会因寻求连任的政府而导致公共开支过度。然而,由于规模较大、开放程度较低的国家往往有更大的财政乘数,即削减政府支出和税收对增长有更大的促进作用,因此遵守《稳定与增长公约》的财政限制意味着它们在政策工具有效性方面损失更大。大国从增强的财政信用中可能获得的好处也相对较小,因为它们在金融市场中的地位和评级机构的打分对其债务和赤字比率的变化不那么敏感。我们已经看到,小国奋起反抗大国所谓的财政宽松政策。然而,对小国而言,财政稳固未必更容易。对于增长率高的国家(通常是小国,如前所述)来说是比较容易的,因为自动稳定器的作用减轻了财政稳固的效果。Bonnaz(2003 年)指出,财政稳固相对容易的特点使其仅适用于非常开放的小经济体,如爱尔兰、葡萄牙、比利时和荷兰,因为它们的公共财政凯恩斯乘数较低。但希腊、芬兰或西班牙等小国的情况与法国和德国相似。

《稳定与增长公约》背后的财政约束逻辑合乎情理，但它没有考虑到货币联盟中所有相关的外部性。Bonnaz（2003）强调考虑"全球需求"的必要性。实际上，当大国实施"宽松"的财政政策时，小国由于更高的通货膨胀率而要承担更多的负外部性。货币联盟中，小国从实际利率的非对称性中获益。它们还产生了相当大的通胀外部性（西班牙和爱尔兰属于通货膨胀率较高的国家之列），这种外部性不能通过制裁方式而内化，它形成了欧元区大国的实际负担，因为它们不得不忍受较低的实际利率。[①]

欧洲央行和国家规模

欧洲央行也不例外，欧洲制度特征是小国代表性过高。由于"一国一票原则"，在欧洲央行的决策实例中，地方官员的政治和经济权重之间的不匹配是显而易见的。这导致比美联储和德国央行更高程度的"代表不当"（misrepresentation）[Berger（2006）]。欧洲经济与货币联盟的扩张将进一步推动这一趋势。2003 年的改革将投票权限制在 15 名国家央行行长和 6 名董事会成员身上，但这也只能限制这种效应，并不会逆转它。轮换制也将有助于抑制代表不当性，但会造成大国和小国之间投票频率的不连续性。Canzoneri、Cumby 和 Diba（2005）认为，即使先前将小国界定为价格接受者，将大国界定为价格制定者的经济定义仍然成立：大国的发展受到欧洲央行的密切监控，而小国的发展不太可能改变欧洲央行的政策立场。一国的代表将系统地推进本国利益这一潜在原则[如 Dixit 和 Lambertini（2003）所假设的那样]是有争议的。因此，欧洲央行的代表制度和治理体系并不能告诉我们太多关于

---

① Bonnaz（2003）计算得出，1999—2002 年间，平均而言，小国的通货膨胀率比三个大国高出 1%，考虑到它们在欧元区的权重，这些国家使欧元区的通货膨胀率增加了 0.3%。按照泰勒规则，以及所有其他条件相同的情况下，作者计算出，如果小国的通货膨胀率与大国的水平近似，将使利率比原来水平高出 50 个基点。

央行政策对不同规模国家的影响,因为决策过程不是公开的,人们只能猜测幕后究竟发生了什么。

要分析国家规模与欧洲央行实施的政策是如何相互作用的,我们应该考虑国家规模对传统产出与通胀的权衡(或菲利普斯曲线)的影响。这种权衡受到开放程度的影响,所以也受到国家规模的影响(由于三个大经济体相对封闭,而包括比荷卢在内的许多小型经济体则明显更加开放)。Sanchez(2006)证明,小国由于其更大的开放程度和更大的通胀效应,具有更陡峭的供给曲线,相反,大国的供给曲线更平坦。正因如此,货币联盟对供给曲线陡峭的小国更为有利,而对大国而言,货币自治优于货币联盟。然而,就小国和大国的福利成本而言,结果是有争议的。实际上,Canzoneri、Cumby 和 Diba(2005)得出了相反的结论:他们采用一个针对欧洲经济与货币联盟的两国局部均衡模型发现,由于欧洲央行对小国的通胀关注较少,后者在物价和工资刚性方面的福利成本是其较大邻国的 4 倍。

5.3 计量分析

现在让我们看看国家规模对欧元区运作的影响能否得到实证证实。

5.3.1 模型

我考察了欧元区 15 个国家的国家规模(以人口表示)与 GDP 增长之间的相关性,将依赖于规模的经济变量(贸易开放度、内需和领土效率)、欧元区经济治理变量(通胀和赤字差额)作为控制变量,并引入一个不随时间而变的遗漏误差效应(a time-invariant omitted bias effect)(固定效应,fixed effect)。建立以下方程:

$$GDPgrowth_{it} = \beta_0 + \beta_1 Population_{it} + \beta_2 TradeOpenness_{it}/DomesticDemand_{it}$$
$$+ \beta_3 Output\ per\ 1\ 000\ km^2_{it} + \beta_4 \Delta Inflation_{it} + \beta_5 \Delta Deficit_{it}$$
$$+ u_i + \delta_t + \varepsilon_{it}$$

此外，在动态面板的设定下，我进一步估计了以下方程：

$$GDPgrowth_{it} = \beta_0 + \beta_1 GDPgrowth_{it-1} + \beta_2 Population_{it}$$
$$+ \beta_3 TradeOpenness_{it}/DomesticDemand_{it}$$
$$+ \beta_4 Output\ per\ 1\ 000\ km^2_{it} + \beta_5 \Delta Inflation_{it}$$
$$+ \beta_6 \Delta Deficit_{it} + u_i + \delta_t + \varepsilon_{it}$$

其中，i 代表国家（面板变量），t 表示时间，u_i，δ_t 和 ε_{it} 分别表示国家效应、时间虚拟变量（哑变量）和误差项。$Population$（人口）是指给定国家在给定年份以百万居民为单位的人口数。$TradeOpenness$（贸易开放度）是进出口总额与 GDP 之比。或者，对于大国，我选取国内需求占 GDP 的百分比。如前所述，贸易开放和内需分别是小经济体和大经济体的经济引擎。每 1 000 平方千米的产出是 GDP（10 亿欧元为计量单位）与领土表面积（1 000 平方千米为计量单位）之比，将其作为领土效率的测度。$\Delta Inflation$ 和 $\Delta Deficit$（都用占 GDP 的百分比度量）是衡量通胀和赤字的两项指标，它们与欧洲央行的政策，以及我之前用以评估欧元区"经济治理"（economic government）影响的马斯特里赫特标准有关。

5.3.2　数据、变量和它们的相关性结构

我们使用两组数据集。第一组数据涵盖了 1998—2008 年欧元区 15 个国家的数据（尽管最新加入的三个国家马耳他、塞浦路斯和斯洛文尼亚不一定符合我之前解释的"规模鸿沟"），数据来自欧盟统计局。第二组数据集涵盖 1960—2007 年的时间跨度，数据来自世界银行。由

于回归包括货币联盟成立前的时期以及退出欧元区的成员国,回归过程将类似于稳健性检验或"安慰剂"检验。这两组数据都使用相同的单位进行标准化,并在使用相同国家和年份的数据进行回归时提供了一致的估计。一些数据,特别是关于国内需求和赤字缺口变量的数据是缺失的,因此,观测值的数目不定(见附录中的表 C.1:两组数据集的描述性统计)。

为了衡量经济绩效,我重点关注 GDP 增长。人们可能会说,GDP指标只是定量指标,不一定能反映增长的质量和再分配(可能人均GDP 或者更少量化的指标诸如人类发展指数能更好地反映这一点);然而,我的目的是定量评估欧洲经济与货币联盟对一国经济表现的影响,因此我将使用 GDP 增长作为因变量。在下面的相关性结构分析中(见表 5.2),还包括了失业、外部平衡占 GDP 的百分比(Bal_pro)和通货膨胀(即,Kaldor 魔方的其他三个角)以便更全面地反映经济表现。利用 1998—2008 年的数据集,可发现国家规模指标(以人口和 GDP 衡量)与所有经济绩效指标之间呈负相关(GDP 增长和失业分别与人口呈负相关和正相关)。

如前所述,国家规模以人口或 GDP 来衡量。为了检验国家规模与经济绩效之间的二次关系,在相关性分析中加入了人口数的平方,如表5.2 所示,它确实非常有说服力。根据推测,国内需求(按 GDP 的百分比计算)作为大型经济体的经济引擎,与经济绩效之间的相关性应该是负的。图 5.12 和图 5.13 揭示了一个事实:在欧洲经济与货币联盟中,开放度似乎比国内需求成为经济增长更好的引擎。因此,这部分解释了经济绩效"规模鸿沟"差异[如 Napoletano 和 Gaffard(2009)所述]。国内需求和贸易开放是互补的经济总量,在某种程度上是重叠的(进口也是国内需求的一部分,也可定义为 GDP 减去净出口)。为了避免模型误设,我用它们作为可替代的控制量(即大国表现是基于国内需求的回归；小国表现则是基于贸易开放度的回归）。如前所述，欧元区三个大经济体实际是国际上的中型经济体，它们也可能严重依赖出口（尤其是德国）。

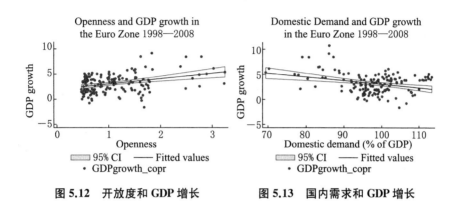

图5.12　开放度和 GDP 增长　　　**图5.13　国内需求和 GDP 增长**

开放度和通胀缺口（$\Delta Inflation=$通胀率-2%，它衡量的是该国的通货膨胀率是高于还是低于欧洲央行用来定义价格稳定的通胀率2%的阈值，并捕捉各国之间实际利率的差异）与增长正相关而与规模负相关，这证实了欧元区内小国存在优势。赤字缺口（$\Delta Deficit=$预算赤字$+3\%$，因此对赤字超过3%的国家来说，这个 Δ 值是负的；对那些在马斯特里赫特范围内的国家则是正的）与增长正相关的，但与国内需求存在显著的负相关。这暗示着严重依赖国内需求和存在巨额赤字的国家，即大国，可能存在增长障碍。这些通胀和赤字差异意在反映欧元区的制度设置，以及各经济体离宏观经济稳定目标或是欧洲央行和《稳定与增长公约》的边界有多远。根据一国的指标是大或是小（特别是$\Delta Inflation$，因为样本中，小国的平均通货膨胀率更高），这些目标往往带有相反的信号。本章的领土效率指标，即每 1 000 平方千米的产量指标，这一指标相关性结构与国家规模并不直接相关，但是与它们之间的非线性关系是一致的（见 5.1 节），这是因为这两个变量之间的关系不是线性的。

表 5.2　变量的相关性

变　量	GDP	GDP 增长	失业率	人口	贸易自由度	国内需求	每 1 000平方千米的产出	△通胀	△赤字
GDP	1								
GDP 增长	−0.400 8	1							
失业率	0.275 9	0.000 1	1						
人口	0.973 2	−0.388 1	0.394 5	1					
贸易自由度	−0.414 7	0.326 1	−0.517 7	−0.527 8	1				
国内需求	−0.003 3	−0.206 7	0.303 6	0.118 3	−0.618 8	1			
每 1 000 平方千米的产出	0.148 2	−0.289 6	−0.367 6	0.058 9	0.530 5	−0.282	1		
△通胀	−0.308 1	0.251 2	−0.100 9	−0.237 9	0.109 5	0.207 3	−0.165 7	1	
△赤字	−0.227 7	0.383 9	−0.084	−0.269 4	0.426 7	−0.691 2	0.025	−0.131 7	1

　　总结关于国家规模对哪些经济和体制因素有影响（正面或负面）的各种论点，本章的实证估计大国模型采取以下形式：

$$GDPgrowth = f(\underset{-}{Population}, DomesticDemand, Output$$
$$per\ 1\ 000\ km^2, \underset{?}{\Delta Inflation}, \underset{+}{\Delta Deficit})$$

反之，对于小国，我假定模型形式如下：

$$GDPgrowth = f(\underset{-}{Population}, \underset{+}{TradeOpenness}, Output\ per$$
$$1000\ km^2, \underset{+}{\Delta Inflation}, \underset{?}{\Delta Deficit})$$

5.3.3　估计方法

　　为了估计模型（见本节开头的方程式），我注意到了 Baltagi（2005）提出的问题，即国家（或固定）效应与回归量之间的关系。非动态面板数据分析依赖于广义最小二乘（generalised least squares，GLS）模型来获得最佳的线性无偏估计量。根据豪斯曼检验的结果，我选择固定效应（FE 或组内估计量）而不是随机效应（RE 或组间估计量）估计量。

结果表明，个体效应与解释变量之间存在着系统的联系，因此，选择固定效应回归或组内估计量是合适的。①少数国家单个截距项 ui 的高相关值、常数项和显著性固定效应的 f 检验进一步证明了选择固定效应估计的合理性。Wald 检验证明两个数据集中都存在组间异方差性。同样地，对面板数据进行 Wooldrige 检验的结果显示存在一阶组内自相关。根据 Drazen(2000)的观点，国家规模并没有被认为是内生性的一个重要来源，因此我们没有使用工具变量估计值。

考虑到这些结果，我选择了三种估计量进行非动态估计：

(1) 对面板异方差和一阶自相关进行稳健的广义最小二乘估计，作为评估固定效应估计量的理论基础。

(2) 固定效应采用聚类于国家层面的稳健标准误（聚类于面板数据整体的稳健标准误即使在存在自相关的情形下依然产生标准差的一致估计）。

(3) 固定效应一阶自相关的稳健性估计。在动态估计的情形中（见下面的估计模型），存在的滞后内生变量（被自相关的存在所证实）在合适估计量的选择中起到关键性作用，因为存在滞后变量时，固定效应估计是不一致的(Baltagi，2005；Kiviet，1995)。采用 Fisher 检验（或滞后一阶的 ADF 检验）对面板进行单位根检验，这种方法忽略单位根的存在，因此没有必要进行协整检验。

(4) 使用 Arellano-Bond(AB)估计量估计动态模型，该估计要求稳健的方差，并允许存在序列自相关。AB 估计量控制各国未观测到的时间不变特性，并捕捉变量随时间变化的影响。为了保证广义矩估计量(GMM)的一致性，我检验了一阶和二阶残差的平均自相关是否为零。特别重要的是，对于所有估计都满足二阶自相关条件（回归结果

---

① 对于 1998—2008 年的数据，这个检验产生的结果是 $\chi^2(5)=29.44$，且 $p<\chi^2=0.0$；对于 1960—2007 年的数据，$\chi^2(5)=175.27$ 且 $p<\chi^2=0.0$。

见表5.3、表5.4和表5.5)。

    表5.3列出了1998—2008年间欧元区所有15个国家的四种估计结果。[①]

表5.3 欧元区国家GDP增长的回归(1998—2008年)

估计方法 (统计误差)	GLS (异质AR)	固定效应 (聚类)	固定效应 (AR)	AB估计量 (AR)
人口	-0.0203^* (-2.12)	-0.342^* (-3.01)	-0.421 (-1.81)	-1.964 (-1.62)
贸易开放度	1.056 (1)	7.980^{***} (8.79)	8.728^{***} (3.82)	12.16^{**} (2.65)
每1000平方千米的产出	-0.238^* (-2.55)	-1.431^{**} (-4.46)	-1.384^* (-2.36)	0.215 (0.19)
通货膨胀缺口	-0.134 (-0.96)	-0.542^{***} (-7.42)	-0.425^* (-2.49)	-1.089^{***} (-4.82)
带滞后的GDP增长				0.0348 (0.28)
常数项	3.626^{***} (4.54)	10.96^{**} (3.57)	12.20^{**} (3.05)	45.78 (1.55)
样本数 N	119	119	108	109
用于组间异方差的Wald检验,对于所有的 i 有 H_0:$\sigma_i = \sigma$, $\chi^2(11) = 89.25$, $p = 0.00$	组内 R^2	0.365	0.252	H_0:非1阶自相关项,$p = 0.01$
	σ_u	11.42	13.68	H_0:非2阶自相关项,$p = 0.55$
在面板数据内用于自相关的Woolridge检验 H_0:非1阶自相关项 $F(1, 10) = 141.386$, $p > F = 0.00$	σ_e	1.091	1.02	—
	ρ	0.991	—	—

    注:括号内为 t 统计量,对于AB估计量来说括号内为 z 统计量。 $*$ 表示 p 小于0.05, $**$ 表示 p 小于0.01, $***$ 表示 p 小于0.001。

    资料来源:欧盟统计局。

----

    ① 如附录表C.2所示,将时间效应包括在内,以便描述"欧元区经济周期"的影响,这仅在小国的情形下得以证明。事实上,时间效应总体上是显著的,但对个体并非如此(根据通常的F检验判断)。给定有限的观测值数量和自由度,我们认为这些结果相关性较低,因此选择个体固定效应估计。

检验增长与国家规模（以人口数表示）之间的关系，具有稳健方差的固定效应估计值证实了二者显著的反向关系。[1]通过统计分析（附录中的表 C.1），我们发现根据固定效应聚类估计，人口每增加单位标准差会造成增长率降低 4.5 标准差[2]的影响。贸易开放与经济增长呈显著正相关关系，对经济增长的影响程度也是显著的（根据固定效应聚类估计，贸易开放每单位标准差的正变化带来经济增长 2.52 个标准差）。固定效应估计值比广义最小二乘估计值更具决定性，因为系数绝对值更大且更显著（对于固定效应估计值，所有的变量系数均是如此，除了赤字缺口的系数外）。

5.3.4　评价"规模鸿沟"

为了检验"规模鸿沟"假说，我使用了与之前相同的回归方法，但对大国和小国分别进行回归（请注意，西班牙在回归中被剔除，因为它是唯一一个中等规模的国家，在这两类国家中都没有被纳入）。表 5.4 详细列出了大国的估计结果。国家规模系数变大、显著性增强，验证了经济绩效与国家规模成反比的假设。根据固定效应聚类估计，现在人口数每增加一单位标准差，增长率将下降 14.4[3] 单位标准差（以前是 4.5单位）。人口的系数在所有计量经济学规范下都是显著的（除了 GLS估计值，我报告它是为了比较和评估国家效应），而且基本上是负值。这个结果也适用于动态面板模型设定（见表 5.4 第四列）。Arellano-Bond 估计下的人口系数衡量的是人口变化与 GDP 增长变化之间的关系，因此从中期来看，人口的正变化与增长的负变化相关联。滞后增长系数小且不显著，不能确定 GDP 增长的持续性效应。如前所述，由于

---

[1]　对人口取对数（而不是直接采用百万为单位的人口数）得到类似的结果。

[2]　计算方法为：β 人口 $* \sigma$ 人口 $/\sigma GDP$ 增长或 $-0.342 * 25.6/1.93 = -4.5$。

[3]　如前所述，使用附录中的表 C.1 计算。

大国相对封闭,在回归模型中我剔除了贸易开放度而代之以内需。国内需求取值为内需和投资占 GDP 的百分比的总和,我们的样本中,大国这两种成分的平均水平都比较高。然而,它对增长的影响似乎比贸易开放的影响有限得多,这可能可以解释为德国的结构性内需和出口表现较低。赤字缺口系数对所有估计值均为正且显著,证实了大国扩张性财政政策与 GDP 增长之间的相关性(财政乘数论)。然而,考虑到赤字缺口与国内需求之间的高度相关性(−0.69),以及其系数之间显著的相互作用,不能排除多重共线性存在,从而限制了我们结果的稳健性。

表 5.5 列出对小国的估计结果。根据固定效应估计,随着人口数每增加单位标准差,经济增长将下降 19.4 标准差(计算请参见附录中的汇总统计表 C.1)。正如预期的那样,相对于有内需的大国,小国开放与增长的相关性更大,也更显著(这里的内需系数非常小,因此从回归方程中剔除)。然而,小国较高的通胀率促进经济增长(实际利率效应)的假设并未得到回归结果证实。相反,在对数据进行更仔细的研究后,似乎欧元区小国往往会经历短暂的通胀式增长(即通货膨胀率随着高增长率而飙升,而在下一个时期,高通货膨胀侵蚀了增长)。此外,滞后增长具有正向、大而显著的系数,Arellano-Bond 估计突出了在小国起作用的一种持久性现象。

表 5.4　欧元区大国 GDP 增长的回归(1998—2008 年)

估计方法 (统计误差)	GLS (异质 AR)	固定效应 (聚类)	固定效应 (AR)	AB 估计量 (AR)
人口	0.002 84 (0.08)	−1.367*** (−91.62)	−1.442* (−2.82)	−1.302*** (−4.05)
国内需求	0.061 9 (0.86)	0.347** (18.21)	0.391* (2.44)	0.455*** (3.34)
每 1 000 平方千米的产出	−0.444 (−1.65)	2.873** (15.43)	3.464 (1.53)	2.092*** (3.65)

续表

估计方法 (统计误差)	GLS (异质 AR)	固定效应 (聚类)	固定效应 (AR)	AB 估计量 (AR)
通货膨胀缺口	0.274 (0.97)	0.144 (0.97)	0.203 (0.44)	0.438* (2.45)
赤字缺口	0.894*** (6.48)	0.633** (24.71)	0.602** (2.96)	0.780*** (8.63)
带滞后的 GDP 增长				−0.093 3 (−0.40)
常数项	−2.971 (−0.38)	46.27** (30.48)	44.42* (2.58)	34.76* (2.16)
样本数 N	30	30	27	27
组内 R^2	—	0.637	0.625	H_0:非 1 阶自 相关项,$p=0.25$
σ_u	—	15.11	15.55	H_0:非 2 阶自 相关项,$p=0.68$
σ_e	—	0.705	0.745	—
ρ	—	0.998	—	—

　　注:括号内为 t 统计量,对于 AB 估计量来说括号内为 z 统计量。* 表示 p 小于 0.05，** 表示 p 小于 0.01，*** 表示 p 小于 0.001。
　　资料来源:欧盟统计局。

表 5.5　欧元区小国 GDP 增长的回归(1998—2008 年)

估计方法 (统计误差)	GLS (异质 AR)	固定效应 (聚类)	固定效应 (AR)	AB 估计量 (AR)
人口	0.536* (2.41)	−7.758*** (−12.62)	−7.438** (−3.28)	−7.686*** (−3.92)
国内需求	4.075* (2.27)	7.141** (3.94)	7.657** (3.16)	8.041* (2.29)
每 1 000 平方千米的产出	−0.696** (−3.02)	1.434** (4.18)	1.317 (1.26)	1.862* (2.54)
通货膨胀缺口	−0.323 (−1.80)	−0.666*** (−7.50)	−0.585** (−3.04)	−1.117*** (−8.98)
赤字缺口	0.055 9 (0.68)	0.123 (0.68)	0.168 (1.34)	0.109 (0.78)

估计方法 （统计误差）	GLS （异质 AR）	固定效应 （聚类）	固定效应 （AR）	AB 估计量 （AR）
带滞后的 GDP 增长				0.312* (2.52)
常数项	−3.011 (−1.03)	61.32*** (10.85)	58.03*** (4.43)	57.21*** (3.93)
样本数 N	75	75	68	69
组内 R^2	—	0.528	0.392	H_0:非 1 阶自相 关项,$p=0.03$
σ_u	—	27.27	26.52	H_0:非 2 阶自相 关项,$p=0.47$
σ_e	—	1.068	1.056	—
ρ	—	0.998	—	—

注:括号内为 t 统计量,对于 AB 估计量来说括号内为 z 统计量。* 表示 p 小于 0.05,** 表示 p 小于 0.01,*** 表示 p 小于 0.001。

资料来源:欧盟统计局。

对这些大、小国家的分析中,西班牙这个欧元区国家被排除在外。事实上,事后证明为它单独设立一个中等规模国家的类别是明智的。尽管西班牙并不完全符合欧元区大国的形象特征,我们对包括"三巨头"和西班牙在内的国家进行回归。虽然观测值明显增加了,但 R^2 有轻微的下降,显著性结果基本相同,规模系数的负值较小,通货膨胀缺口系数改变了符号但并不显著。将西班牙放入小国进行回归被证明更不合适。在这种情况下,R^2 降至最大值 0.35,人口和贸易开放度全都失去显著性,而只有通胀缺口的显著性增强了。这些结果表明西班牙在规模上属于它自己的一个类别,同大国一样对出口的依赖更弱,也像若干小国一样显示出通胀式增长,但其整体经济结构既不属于小国也不属于大国。

为了更好地理解和总结到目前为止不同的回归结果,表 5.6 给出了回归系数在大小和显著性方面的比较。由于固定效应模型回归中的系数是跨单位约束的,因此比较大国和小国的回归系数是检验国家规模对经济表现的实证关联的好方法。尽管两组数据的系数符号总是相同的,但数值大小仍然存在许多差异。就人口(我的国家规模的衡量指标)而言,这两组国家之间的相关性很大,人口数对十一个小国经济增长的负向影响要大于对三个大国的(人口数每增加一个单位标准差导致大国的经济增长产生 14.4 标准差的下降,而小国则下降 19.4 标准差),这证实了卢森堡、马耳他等微型国家在欧元区存在优势。贸易开放系数最大,也最显著,特别对于小国而言是如此。这证实了 Alesina、Spolaore 和 Wacziarg(2005)的研究结果,即国家越小,开放度与增长之间的正相关越大。对小国来说,国内需求没有显著的影响系数;对大国来说,国内需求对增长变化有适度的正向影响。

表5.6　GDP 增长回归系数的比较:范围和显著性

	大　国	小　国	欧元区国家(15 个)
人口	$[-1.442^{***} ; -1.302^{***}]$	$[-7.686^{***} ; 0.536^{*}]$	$[-0.020\ 3^{*} ; -0.342^{*}]$
贸易开放度	$0.052\ 4^{**}$	$[4.075^{*} ; 8.041^{*}]$	$[7.980^{***} , 12.16^{**}]$
国内需求	$[0.347^{**} ; 0.455^{***}]$	不显著	0.215^{*}
每 1 000 平方千米的产出	$[2.092^{***} ; 2.873^{**}]$	$[1.434^{**} ; 1.862^{*}]$	$[-1.431^{**} ; -0.238^{*}]$
通货膨胀缺口	0.438^{*}	$[-1.117^{***} ; -0.585^{***}]$	$[-1.089^{***} ; -0.425^{*}]$
赤字缺口	$[0.602^{**} ; 0.894^{***}]$	不显著	不显著
滞后阶 GDP 增长	不显著	0.312^{*}	不显著
$\sum$ 扰动项	$[15.11 ; 15.55]$	$[26.52 ; 27.27]$	$[11.42 ; 13.68]$

注: * 表示 p 小于 0.05 , ** 表示 p 小于 0.01 , *** 表示 p 小于 0.001。
资料来源:欧盟统计局。

　　无论在大国还是小国的回归中,对领土效率的测度都具有正的和显著的系数,而在欧元区整体的回归中,则领土效率的系数为负。这在一定程度上可以解释为这一变量与规模没有线性关系,大国比新加入欧元区,正在追赶其他欧洲国家的小国具有更高的领土效率。关于欧元区经济治理对不同规模国家影响的假设,最有趣的结果体现在通胀和赤字缺口上。在小国,通货膨胀缺口与增长之间的相关性为负且非常显著,而在大国则是正的,其系数的绝对值较小,且很少显著。如前所述,通过回归系数计算标准差效应显示,对于小国,通胀每增长一单位标准差会导致经济增长产生 -0.48 标准差的下降(固定效应聚类估计),最高可导致 -0.81 标准差的下降(Arellano-Bond 估计);而对于大国,这一效应介于 $+0.08$ 到 $+0.24$ 之间。从增长与通货膨胀之间的相关性来看,如果我们把所有国家都考虑进去,它们的波动似乎是适度相关的(相关系数 $-0.308\ 1$,见表 5.3)。然而,通过更仔细的观察发现,小国的增长与未来($t+1$ 期)的通胀($0.575\ 1$)之间存在很强的正相关关系。对于新加入的国家和正在迎头赶上的国家(最著名的是爱尔兰)来说,要么是巴拉萨—萨缪尔森(Balassa-Samuelson)效应在起作用,要么是快速增长加剧了通胀。大国的通货膨胀与增长之间的相关性为负,但系数很小($-0.277\ 4$),通货膨胀缺口的系数只有采用 AB 动态估计才显著。因此,在欧元区大国与小国的增长与通胀之间,不同的交互影响机制似乎在发挥作用。此外,不能排除小国造成的通货膨胀外部性的存在。

现在让我们来谈谈赤字缺口:对大国来说,它对增长的影响是正向的,从而证实了基于内需的增长理论;但我们很难确定小国的增长是否符合这样的预期,即这些国家的增长依赖外部需求,因此财政乘数较小。对于大国(如前所述,尽管赤字缺口与国内需求之间存在多重共线性),计算出的赤字缺口对增长的影响效应在增加 0.15(固定效应聚类估计量)至 0.73(AB 估计量)标准差之间。相关值证实了这些与规模相关的差异:对于大国,当前和过去的赤字与增长呈正相关(分别为 $0.409\ 0$ 和 $0.513\ 5$),而在小国,这些值要低得多。

5.3.5 跨空间和时间的稳健性检验

为了进一步证实之前的发现，现在展示国家规模与经济表现之间的反向关系是如何特定于货币联盟的。我使用"安慰剂"数据集（其中包括选择退出欧元区的可比较国家的数据，或欧元区国家在货币联盟成立前的数年数据）采用类似的回归进行稳健性检验，我发现，在同一时间段内，未加入货币联盟的可比较国家没有任何相关性，而且在货币联盟成立之前，所研究的 15 个国家中也不存在这种"规模鸿沟"现象。

更明确地说，我首先以一个欧盟小国和一个欧盟大国——瑞典和英国为例，作为经济表现方面存在"规模鸿沟"的反例：表 5.7 显示，两国的规模与其 GDP 增长之间没有显著的关系（合并的最小二乘估计 OLS 得到了一个显著的结果，但是系数太小，没有意义）。尽管样本规模小，但在欧盟，"规模鸿沟"似乎由欧元区边界限定。

表 5.7 瑞典和英国 GDP 增长的回归(1998—2008 年)

瑞典和英国 1998—2008 年	混合回归	固定效应 （聚类）	固定效应 （自相关）	AB 估计 （自相关）
人口	$-0.012\,9\,^*$ $-(-42.72)$	0.007 77 (7.54)	0.017 4 (0.09)	0.007 73 —
滞后阶的 GDP 增长				0.304 —
常数项	$3.219\,^{**}$ (187.4)	$2.215\,^*$ (44.37)	1.709 (0.25)	1.435 —
样本数 N	57	57	55	56
组内 R^2	—	0.000 062 5	0.000 151	—
σ_u	—	0.708	0.995	—
σ_e	—	1.708	1.656	—
ρ	—	0.147		

注：括号内为 t 统计量，对于 AB 估计量来说括号内为 z 统计量。* 表示 p 小于 0.05，** 表示 p 小于 0.01，*** 表示 p 小于 0.001。

资料来源：世界银行。

现在使用 1960—2007 年的数据集,我将数据集按照欧洲货币一体化的两个里程碑进行了时段划分:第一,1979 年欧洲货币体系(European Monetary System,EMS)的引入为欧洲货币联盟铺平了道路,它将各国的货币彼此波动限定在一定区间内;第二,1999 年欧洲经济与货币联盟正式建立。表 5.8 为回归估计结果,AB 估计值与之前相同。我分别对小国和大国在 1960—1979 年和 1980—1999 年间的同样的动态面板模型进行了估计。

表 5.8　货币联盟成立前 GDP 增长的回归(1960—1999 年)

AB 估计量 （自相关） 时期	全部国家		小　　国		大　　国	
	1960—1979 年	1980—1999 年	1960—1979 年	1980—1999 年	1960—1979 年	1980—1999 年
滞后阶的 GDP 增长	−0.063 8 (−0.76)	0.303 *** (3.34)	−0.016 3 (−0.22)	0.292 ** (2.97)	−0.136 ** (−2.99)	0.410 *** (3.77)
人口	−0.872 (−1.77)	−0.159 (−1.71)	−2.196 ** (−2.93)	−0.030 5 (−0.09)	−3.168 ** (−2.83)	0.047 6 (0.75)
贸易开放度	16.53 *** (10.19)	8.679 *** (6.28)	15.07 *** (13.39)	8.751 *** (5.94)		
每 1 000 平方千米的产出	−1.252 (−1.88)	−0.222 (−1.47)	−0.848 *** (−3.53)	−0.208 (−1.55)	20.29 *** −9.23	−2.966 *** (−3.41)
通胀缺口	−0.092 2 (−1.43)	−0.073 9 ** (−2.90)	−0.148 * (−2.12)	−0.074 5 ** (−2.71)	−0.754 *** (−12.40)	−0.176 *** (−7.97)
赤字缺口	0.423 * (2.42)	0.061 (1.92)	0.521 *** (3.51)	0.062 5 (1.87)	−1.565 *** (−92.43)	−0.075 2 (−0.40)
国内需求					−0.663 *** (−14.54)	−0.242 * (−2.20)
常数项	10 (1.3)	−1.577 (−0.55)	14.62 (1.6)	−5.023 (−1.32)	225.2 *** (3.71)	33.73 ** (3.07)
样本数 N	83	259	68	211	15	48

注:考察 AB 估计量的 z 统计量,* 表示 p 小于 0.05,** 表示 p 小于 0.01,*** 表示 p 小于 0.001。

资料来源:世界银行。

值得注意的是，1960—1979 年间，大国和小国的规模系数都是重要、为负且显著的。由于小国的贸易系数也很大，正如 Katzenstein (1985) 所述，欧洲小国的工业发展和融入全球市场是这段时期的特征，可以解释人口与 GDP 增长之间的负相关关系。在 1980—1999 年间，货币联盟成立的准备阶段，国家规模对经济表现的影响较小且不显著。这一结果有力地证实了以下观点，即欧元区"规模鸿沟"源自货币联盟下的经济政策架构。

尽管我只能确定相关性，而非直接的因果效应，但在解释欧元区增长差异[①]方面，国家规模似乎具有很好的解释力。所有使用的估计量都表明国家规模对经济增长有不利影响。我的分析涵盖了增长的不同组成部分，并证实了小国的经济结构在货币联盟的框架内更易促进增长。

当我引入国家和时间效应（见附录的表 C.2），在复杂的面板数据分析中，估计的两两相关性表现出更弱的显著性，然而，临时性扩大数据集或对选择退出货币联盟的欧盟国家做相同的回归，产生了我预期的结果，它使第一个发现具有跨越时间和空间的强大稳健性。在所有固定效应估计中，国家的影响（以 σ_u 度量）及其方差贡献率（用 ρ 衡量）都比较大，意味着我们控制的变量中国家异质性在解释经济增长差异方面起到不可忽视的作用。当然，除了我们分析的因素外，可能还存在其他原因能解释这些不同的经济表现。分析的另一个限制来自我们的样本选择偏差，如 Persson (2001) 所述，这意味着被测度的规模效应可能会被属于货币联盟的国家未被解释的特征放大。的确，人们可能会说，大多数欧洲经济与货币联盟的成员国都是小型开放经济体，因为它们恰恰更容易从货币联盟中获益，因此规模偏差可能是同义反复。使

---

① 排除潜在的异常值后，继续进行相同的回归。这些异常值包括爱尔兰和卢森堡（过去十年增长率非常高的小国），它们的显著性水平大致相同。

用赫克曼（Heckman）方法消除样本选择的偏差需要得到国家加入货币联盟的概率。而我们并不清楚应该根据样本国家的哪些方面来计算这种概率。如果我们计算所有国家的倾向或偏好，那么在所有其他条件相同的情况下，我们就无法评估货币联盟的处理效应（treatment effect）。同样，将样本限制在发达经济体也不能令人满意，因为它忽略了货币联盟成员国资格的重要因素，如地理连续性或文化紧密性。因此，检验货币联盟处理效应的理论依据有很多。为了满足可比较性，我们的选择又受制于 De Long（1988）提出的"构造趋同性"观点。国家规模与 GDP 增长之间的负相关关系虽然仍然稳健，但实际上可能较小。此外，货币联盟内国家规模对 GDP 增长的负面影响，并不支持将货币联盟划分为三个地域统计区域（NUTS-3），因为每个国家都是不同增长率地区的集合。从领土效率的分析中，我们只能得出推论，即越大的国家倾向于有较低的快速增长区域与缓慢增长区域的比率。

结　论

国家规模决定了许多经济结构；在欧洲经济与货币联盟中，它也会影响经济表现。就经济结构而言，小国具有更高的开放程度，而大国则更依赖于内部需求。在欧洲经济与货币联盟及其经济规则的背景下，这些特征会影响各国的经济绩效，因为"一刀切"的规则更适宜小国的增长战略。一方面，《稳定与增长公约》限制了大国以财政刺激内需的能力；另一方面，欧洲央行无法将负外部性内部化，这一负外部性通常由小国更高的通胀和鼓励价格竞争的政策所产生。因此，加入货币联盟，小国和大国之间存在明显的收益不对称性。在本章中，我通过对1998—2008 年 10 年间欧元区 15 个国家（截至 2008 年 1 月 1 日）的计量经济分析，证明欧元区内部出现"规模鸿沟"，即人口规模对 GDP 增长存在巨大的负面影响。用动态面板估计方法对大国和小国分别进行计量经济分析发现，小国负的规模效应更强。所有使用的估计值都一致认为国家规模对经济增长有不利影响，因此对不同的计量规范来说，我们得到的结果都具有稳健性。进一步的稳健性检验包括扩大数据的范围，对货币联盟成立前的时期以及选择退出货币联盟的国家进行"安慰剂"回归。这些检验证实了"规模鸿沟"的确是货币联盟的副产物。具有讽刺意义的是，德国和法国这两个大国曾主导了货币联盟的建立，因此要自己承担在欧元区内处于不利的经济命运的责任。然而，大国因欧洲经济与货币联盟的运作而在经济上处于不利地位的事实，对欧元区整体来说也是一个问题：受到伤害的这些成员国共计占欧元区GDP 的 70%，同时，这也吸收了欧元区其他成员国相当大的出口份额，因此最终也会对较小的经济体造成伤害。在这种情况下，欧元区将无法发挥其作为关键性国际经济力量的作用，欧元也可能会失去一些国际吸引力。

最后，将对国家规模影响的分析延伸至欧元区的扩张是明智的。一体化是一个收缩的过程，每一次扩张，货币联盟内成员国的相对规模就会缩小。改变国家规模的另一个因素是人口的变化。从长期来看，随着一些欧元区国家人口减少，而另一些国家人口增加，成员国的相对规模将会发生变化。这会不会导致国家规模对经济绩效的影响有所不同，并带来新的经济政策约束？这个问题还有待研究。正如较大的新成员国（波兰、匈牙利和捷克共和国）不愿立刻加入欧元区所证明的那样，欧元区成员国身份迄今仍对小国更为有利。未来的理论研究重点应放在国家规模的模型及其对货币联盟经济政策执行的启示上，这些研究会进一步完善本章的实证结果。

第6章　一般性结论

> "经济学家的话语权随着他们人数的几何增长而下降。达成
> 一致的唯一希望是当且仅当只有两者出现:作者和他的良心!"
>
> ——罗宾逊(Robinson，1960)

本书认为,国家规模对经济增长而言是至关重要的,因为国家规模影响着一国的贸易开放程度、国内需求以及制度和领土效率。这在欧洲经济与货币联盟的案例中尤其如此,《稳定与增长公约》和欧洲央行共同构成了"一刀切"的制度和经济政策框架。因此,欧元区内财政政策的效果和溢出效应取决于国家规模,并加剧了小国与大国之间的差异。因此,货币联盟中适度的财政政策更有利于增长。由于国家规模的概念处于经济学和政治学的交叉点,因而采用跨学科的方法进行研究。

首先,我们建立了一个微观基础的新凯恩斯主义的两国货币联盟模型,该模型易于显示不同财政政策的效果,而这些不同的财政政策在规模和开放程度上往往具有跨国的异质性。其次,借助之前建立的模型,我们分析货币联盟中不同规模国家的几种财政政策的效果。由于

大型经济体比开放的欧元区小国更依赖国内需求,它们对财政刺激的反应也有所不同。我们发现小型开放经济体从其邻国的财政刺激中获益更多,而大型经济体通过增加公共支出来刺激内需,比通过与较小的邻国展开减税竞争更有效。第三,从实证的角度,运用主成分分析法建立一个包括人口、经济和领土等维度的国家规模指数。采用 1969—2007 年 163 个国家的年度面板数据,实证结果表明,国家规模与 GDP 增长和商业周期波动呈负相关而与贸易开放无关。最后,随着国家规模与经济增长之间的负相关性变得更加明显,我们考察了在欧洲经济与货币联盟内发挥作用的机制。对欧元区财政和货币规则的政治经济学分析解释了"规模鸿沟"的出现,并用计量经济分析表明这种"规模鸿沟"与货币联盟的创建有关。

当前的局势发展,尤其是 2010—2011 年的金融和主权债务危机,凸显出欧元区国家规模的重要性。《经济学人》(*The Economist*)认为:"目前投资者在市场之间作出的最懒惰的区分正是基于规模。事实上,大国的政府收入是由更加多元化的经济所支撑的,它们的债券市场吸引了更多重视流动性的投资者。这对葡萄牙来说尤其令人担忧,葡萄牙的信贷风险低于希腊,但由于葡萄牙规模太小,更容易受到冲击……规模越大的债券市场越不容易被抛弃。"[1]这些失衡可以追溯到单一货币的发行。欧元的采用导致利率下降,廉价信贷刺激了缺乏竞争力的小经济体的繁荣。与此同时,在过去十年里,德国出台了限薪政策,降低了劳动力成本,并从欧元区伙伴国那里获得了巨额贸易顺差。由于规模庞大,德国给欧元区其他国家带来了通缩倾向。但德国现在需要找到新的增长来源,重新平衡自己的国内需求,因为其伙伴国不可能永远维持赤字。这种增长模式不适用于无法复制德国市场地位的单个国

---

[1]　《那种下沉的感觉》(*That Sinking Feeling*),2010 年 5 月 22 日。

家,也不适用于欧元区整体,因为欧盟太大,无法更多地依赖欧盟以外的需求。为此,工会正在推动设立最低工资标准,以提振需求和进口,而更多低薪工作被纳入更多自由选择范围内,以增进服务业发展。然而,Alesina 和 Perotti(2010)警告说,德国的支出缩减并不是解决之道;真正的问题在于供给侧的僵化以及欧元区经济体外围的建筑业等缺乏竞争力部门的专业化。"内部贬值"可能是恢复失去的竞争力的催化剂,即增加增值税的同时降低工资税,将使一国经济从国内需求转向出口。

欧元区内部所需的全球再平衡,强调了有效设计财政政策规则的重要性。面对希腊危机制定 4 400 亿欧元救助计划证明了货币联盟的确带来了事实上的财政联邦主义。然而,对于欧洲经济与货币联盟的财政规则在财政偿付能力方面的适用性,各方尚未达成共识。虽然 Canzoneri、Cumby 和 Diba(2001)认为它们是不必要的紧缩,但 Sims(1999)认为,它们无法消除价格水平的融资理论所强调的无清偿能力风险。重新设计《稳定与增长公约》成为必要,因为对过度财政挥霍的惩罚并不损害那些施加惩罚的国家,这样成员国就不会因为强加财政纪律而实际上损害自己。例如,Burda 和 Gerlach(2010)提出,根据成员国对欧盟预算贡献而分摊的额外债务征收附加税,"将欧洲的运营成本从财政运作良好的国家重新分配给那些运作不佳的国家"。此外,主权债务危机表明,仅靠价格稳定并不能抵御经济和金融动荡,因此欧洲央行为公共债务和公共财政数据的可信度进行担保是有必要的。外围经济体的困难使一个小国加入货币联盟能确保其利益。一方面,出口的竞争力很难恢复;另一方面,投资者即使是投资欧元计价的主权债券也将遭受巨大的息差损失。

人们希望财政政策能够起到协调作用,但这很难实现。由于政治和国家偏好的原因,各国的目标相互冲突,甚至超出了我们在本书中详述的规模差异。在应对供给冲击时,协调或许是有效的,因为它可以防止财政和货币政策朝着不同的方向发展,但面对需求冲击时,协调带来的好处似乎小得多。例如,在危机过后,小型开放经济体有更强的动机开始重新收紧财政政策,因为它们从宽松财政政策中获得的大部分收益都外溢了。财政政策不在于寻求复杂的协调,而是应该实际地关注总需求的构成、税收水平和再分配以增加国家的潜在产出。

因此,本书希望提供一个分析框架来考虑国家规模、国家异质性及其对货币联盟中经济政策运行的启示。简而言之,本书对此的贡献在于,在货币联盟中国家规模对增长的负面规模效应尤其严重,因此将国家规模纳入财政政策的设计对一国增长绩效至关重要。未来还有很长的路要走。由于欧洲经济与货币联盟的建立和运行是最近的事,其经济影响仍未完全展示出来,我们只看见有限的影响。目前还没有一种经济模型能够刻画它全部的制度特征。我们现在正在研究欧洲的共同规则是如何适应各国具体国情和结构,从而解释是哪些制度安排导致了哪些经济发展。

随着人口老龄化、国家人口变动分化以及新成员国的加入,欧盟和欧洲经济与货币联盟的规模格局正在演变。如果土耳其加入欧盟,且德国的人口下降趋势继续持续,到 2050 年,土耳其将成为欧盟人口数量第四大国,且其经济将相对于邻国也呈萎缩态势。进一步构建国家规模的模型应考虑到地区一级。这在经济上是有意义的,因为欧元区国家内部的经济活动差异往往大于国与国之间的差异。欧盟也一直是各地区政治权力的来源,尤其是对那些宣称分裂主义的富裕地区。从实证上看,一项有价值的计量经济检验应该对同一国家内区域规模的增长表现进行回归,以确定究竟国家规模才是真正重要的,还是仅仅是给定经济区域的规模在起作用。有趣的是,分裂主义者不愿他们所在的地区为贫穷地区的发展买单,这反映了面对希腊主权债务危机时成员国之间的权力博弈。这种财政上的"自私"破坏了成员国之间的团结,应该受到欧盟的谴责。这将传达这样一个信息,即一个成员国不应期望在拒绝分担合法负担的情况下继续获得欧盟的好处。此外,欧盟没有兴趣拥有区域性成员,因为 27 个成员国的运作已经够复杂的了。尽管已出现全球化和区域化趋势,但国家——不管其规模如何——仍然是经济政策运行的非常重要的单位。

附录 A 国家规模的重要性:欧洲货币联盟(欧元区)的财政政策及其溢出效应

评估消费的替代弹性 σ_c 的影响

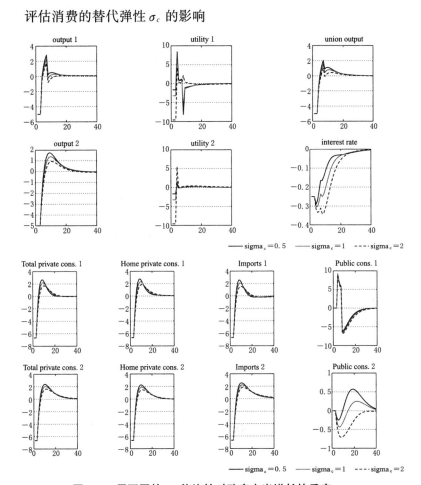

图 A.1 用不同的 σ_c 值比较对政府支出增长的反应

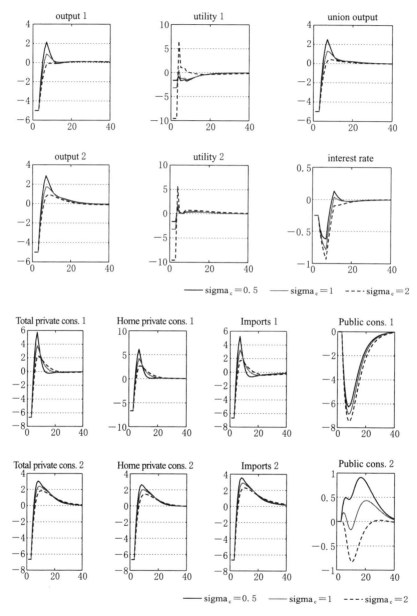

图 A.2 用不同的 σ_c 值比较对削减增值税的反应

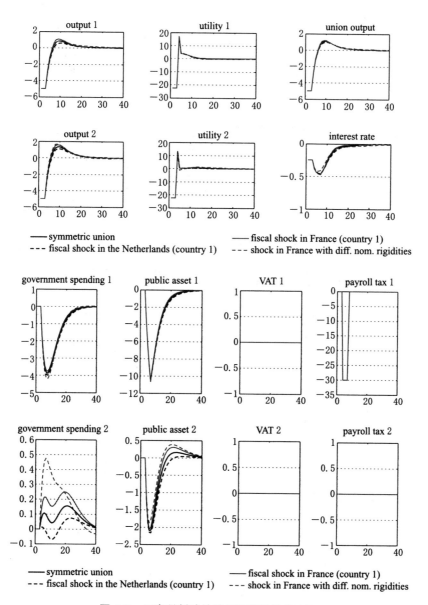

图 A.3 工资税削减的效用和溢出效应 1/3

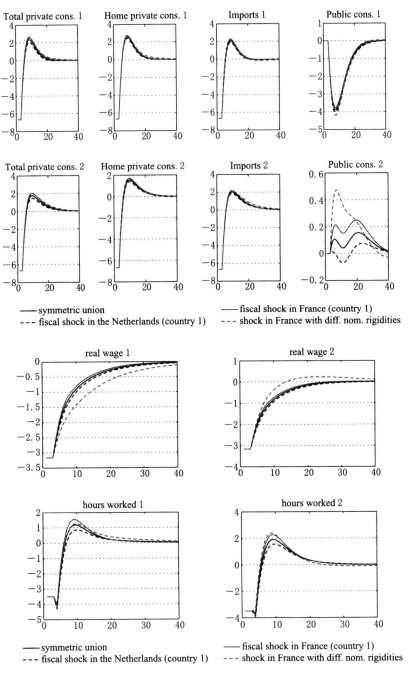

图 A.4   削减工资税的效用和溢出效应 2/3

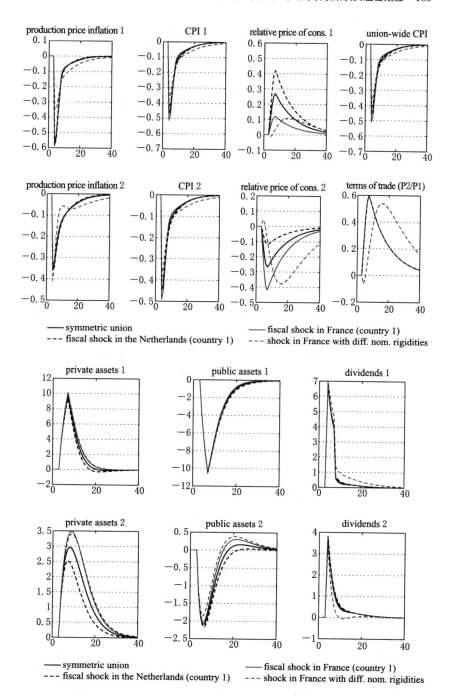

图 A.5 削减工资税的效用和溢出效应 3/3

附录 B 国家规模、增长和波动性

表 B.1 国家和地区名单

阿尔巴尼亚	厄立特里亚	马里	苏里南
阿尔及利亚	爱沙尼亚	马耳他	斯威士兰
安哥拉	埃塞俄比亚	马绍尔群岛	瑞典
安提瓜和巴布达	芬兰	毛里塔尼亚	瑞士
阿根廷	法国	毛里求斯	阿拉伯叙利亚共和国
亚美尼亚	法属波利尼西亚	墨西哥	塔吉克斯坦
澳大利亚	加蓬	密克罗尼西亚联邦	坦桑尼亚
奥地利	冈比亚	摩尔达维亚	泰国
阿塞拜疆	格鲁吉亚	蒙古	多哥
巴哈马	德国	摩洛哥	汤加
巴林	加纳	莫桑比克	特立尼达和多巴哥
孟加拉国	希腊	纳米比亚	突尼斯
巴巴多斯	格林纳达	尼泊尔	土耳其
白俄罗斯	危地马拉	荷兰	土库曼斯坦
比利时	几内亚	新喀里多尼亚	乌干达
伯利兹	几内亚比绍	新西兰	乌克兰
贝宁	圭亚那	尼加拉瓜	阿拉伯联合酋长国
不丹	海地	尼日尔	英国
玻利维亚	洪都拉斯	奈及利亚	美国
波斯尼亚和黑塞哥维那（波黑）	中国香港	挪威	乌拉圭
博茨瓦纳	匈牙利	阿曼	乌兹别克斯坦
巴西	冰岛	巴基斯坦	瓦努阿图
保加利亚	印度	帕劳	委内瑞拉
布基纳法索	印度尼西亚	巴拿马	越南

续表

布隆迪	伊朗	巴布亚新几内亚	也门共和国
柬埔寨	伊拉克	巴拉圭	赞比亚
喀麦隆	爱尔兰	秘鲁	津巴布韦
加拿大	以色列	菲律宾	
佛得角	意大利	波兰	
中非共和国	牙买加	葡萄牙	
乍得	日本	波多黎各	
智利	约旦	罗马尼亚	
中国	哈萨克斯坦	俄罗斯联邦	
哥伦比亚	肯尼亚	卢旺达	
科摩罗	基里巴斯	萨摩亚	
刚果民主共和国	韩国	沙特阿拉伯	
刚果共和国	吉尔吉斯共和国	塞内加尔	
哥斯达黎加	老挝人民民主共和国	塞舌尔	
科特迪瓦	拉脱维亚	塞拉利昂	
克罗地亚	黎巴嫩	新加坡	
塞浦路斯	莱索托	斯洛伐克共和国	
捷克共和国	利比里亚	斯洛文尼亚	
丹麦	立陶宛	所罗门群岛	
吉布提	卢森堡	南非	
多米尼加	中国(澳门)	西班牙	
多米尼加共和国	前马其顿	斯里兰卡	
厄瓜多尔	马达加斯加	圣基茨和尼维斯	
埃及阿拉伯共和国	马拉维	圣露西亚	
萨尔瓦多	马来西亚	圣文森特和格林纳丁斯	
赤道几内亚	马尔代夫	苏丹	

表 B.2 大国

阿根廷	德国	俄罗斯联邦
澳大利亚	印度	西班牙
巴西	印度尼西亚	土耳其
加拿大	意大利	英国
中国	日本	美国
法国	墨西哥	

表 B.3　描述性统计

全部国家					
变　量	观测值个数	平均值	标准差	最小值	最大值
人口	8 424	1.441	2.021	−4.2	7.185
指数	6 645	0	1.551	−4.368	3.905
Jalan 指数	6 645	0.656	1.85	0	18.951
GDP 增长（%）	6 654	3.937	6.385	−51.03	106.28
贸易开放度（%）	6 325	0.751	0.462	0.053	4.625
实际利率（%）	3 725	6.241	19.62	−98.15	789.8
通胀率（%）	5 583	34.44	410.04	−17.64	23 773.13
大国					
变　量	观测值个数	平均值	标准差	最小值	最大值
人口	665	4.555	1.148	2.35	7.185
指数	665	2.543	0.549	1.985	3.905
Jalan 指数	665	4.49	4.136	0.916	18.951
GDP 增长（%）	663	3.863	4.131	−27.1	19.4
贸易开放度（%）	637	0.346	0.176	0.053	1.106
实际利率（%）	454	5.759	9.819	−24.6	78.73
通胀率（%）	594	46.366	248.44	−7.63	3 079.81
小国					
变　量	观测值个数	平均值	标准差	最小值	最大值
人口	5 980	1.316	1.777	−3.927	5.09
指数	5 980	−0.283	1.357	−4.368	1.985
Jalan 指数	5 980	0.23	0.294	0	1.71
GDP 增长（%）	5 903	3.914	6.529	−51.03	106.28
贸易开放度（%）	5 404	0.779	0.429	0.063	4.625
实际利率（%）	3 233	6.329	20.726	−98.15	789.8
通胀率（%）	4 679	33.89	438.21	−17.64	23 773.13
OECD 国家					
变　量	观测值个数	平均值	标准差	最小值	最大值
人口	1 440	2.596	1.518	−1.737	5.709
指数	1 310	1.152	1.133	−1.933	3.905
Jalan 指数	1 310	1.598	3.06	0.018	18.95
GDP 增长（%）	1 302	3.555	3.029	−14.57	18.71
贸易开放度（%）	1 253	0.659	0.407	0.093	3.266
实际利率（%）	820	4.414	4.166	−19.49	16.75
通胀率（%）	1 285	9.024	21.11	−0.9	555.38

续表

欧元区国家（1999 年以后）

变　量	观测值个数	平均值	标准差	最小值	最大值
人口	135	1.998	1.688	−0.947	4.413
指数	134	0.541	1.344	−2.403	2.384
Jalan 指数	134	0.606	0.763	0.006	2.639
GDP 增长（%）	134	3.111	1.976	−1.61	10.72
贸易开放度（%）	113	1.093	0.64	0.44	3.266
实际利率（%）	86	3.765	2.668	−2.65	11.64
通胀率（%）	135	2.592	1.335	0.19	8.88

金砖国家（2000 年以后）

变　量	观测值个数	平均值	标准差	最小值	最大值
人口	32	6.08	1.012	4.953	7.185
指数	32	3.145	0.47	2.563	3.837
Jalan 指数	32	6.497	3.905	2.634	12.772
GDP 增长（%）	32	6.903	2.943	1.27	11.9
贸易开放度（%）	31	0.439	0.159	0.217	0.72
实际利率（%）	32	12.6	19.38	−9.63	47.68
通胀率（%）	32	6.918	5.599	−0.77	21.46

附录 C 国家规模和欧元区的经济绩效

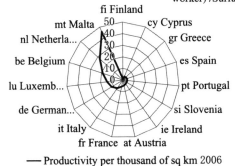

Measuring territory efficiency: Productivity per thousand of square km（2006）(Persons employed*productivity per worker) /Surface Area

—— Productivity per thousand of sq km 2006

图 C.1　相对生产力的领土效率

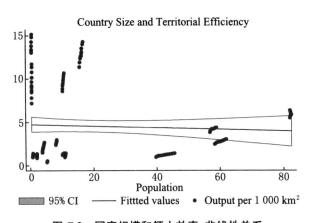

Country Size and Territorial Efficiency

Population

95% CI　　—— Fittted values　　• Output per 1 000 km²

图 C.2　国家规模和领土效率:非线性关系

表 C.1 描述性统计

15 个欧元区国家(1998—2008 年,资料来源:欧盟统计局。)

变 量	观测值个数	平均值	标准差	最小值	最大值
GDP 增长(%)	162	3.12	1.93	−1.61	10.73
人口(百万)	165	20.76	25.59	0.38	82.54
贸易开放度	163	1.11	0.62	0.47	3.24
国内需求(%)	148	97.67	8.43	69.4	113.5
每 1 000 平方千米的产出	163	4.55	4.36	0.4	15.15
通胀缺口(%)	165	0.59	1.34	−1.86	6.81
赤字缺口(%)	121	1.81	2.66	−5.41	9.63

欧元区大国(1998—2008 年,资料来源:欧盟统计局。)

变 量	观测值个数	平均值	标准差	最小值	最大值
GDP 增长(%)	33	1.69	1.07	−0.27	3.91
人口(百万)	33	66.73	11.27	56.86	82.54
贸易开放度	33	0.59	0.11	0.47	0.9
国内需求(%)	30	98.35	2.14	93	101.9
每 1 000 平方千米的产出	33	4.27	1.32	2.47	6.35
通胀缺口(%)	33	−0.13	0.61	−1.44	0.81
赤字缺口(%)	33	0.52	1.03	−1.05	3.03

欧元区小国(1998—2008 年,资料来源:欧盟统计局。)

变 量	观测值个数	平均值	标准差	最小值	最大值
GDP 增长(%)	118	3.48	2	−1.61	10.73
人口(百万)	121	6.27	5.09	0.38	16.7
贸易开放度	119	1.31	0.62	0.53	3.24
国内需求(%)	108	96.95	9.61	69.4	113.5
每 1 000 平方千米的产出	119	4.93	4.94	0.4	15.15
通胀缺口(%)	121	0.74	1.47	−1.86	6.81
赤字缺口(%)	77	2.19	3.06	−5.41	9.63

15 个欧元区国家(1960—2007 年,资料来源:世界银行。)

变 量	观测值个数	平均值	标准差	最小值	最大值
GDP 增长(%)	648	3.75	3.06	−8.9	20.27
人口(百万)	720	19.27	24.16	0.32	82.5
贸易开放度	642	0.85	0.53	0.15	3.27
国内需求(%)	609	106.35	8.48	80.57	137.37
每 1 000 平方千米的产出	654	2.53	2.6	0.1	13.1
通胀缺口(%)	642	3.74	5.4	−2.88	30.86
赤字缺口(%)	481	2.49	4.52	−12.32	16.75

欧元区大国(1960—2007 年,资料来源:世界银行。)

变　　量	观测值个数	平均值	标准差	最小值	最大值
GDP 增长(%)	130	2.85	2.07	−2.09	8.21
人口(百万)	144	63.01	11.73	45.7	82.5
贸易开放度	130	0.43	0.11	0.25	0.85
国内需求(%)	133	106.82	4.96	93.52	115.21
每 1 000 平方千米的产出	131	2.72	1.29	0.67	5.79
通胀缺口(%)	110	3.39	4.76	−1.5	19.28
赤字缺口(%)	107	3.29	1.78	−1.3	8

欧元区小国(1960—2007 年,资料来源:世界银行。)

变　　量	观测值个数	平均值	标准差	最小值	最大值
GDP 增长(%)	518	3.98	3.22	−8.9	20.27
人口(百万)	576	8.34	9.84	0.32	44.9
贸易开放度	512	0.96	0.54	0.15	3.27
国内需求(%)	476	106.22	9.23	80.57	137.37
每 1 000 平方千米的产出	523	2.49	2.84	0.1	13.1
通胀缺口(%)	532	3.81	5.53	−2.88	30.86
赤字缺口(%)	374	2.26	5.01	−12.32	16.75

表 C.2　欧元区国家 GDP 增长的影响因素(1998—2008 年)

固定效应(时间效应聚类)	全部国家	全部国家	(3) 小国	(4) 大国
人口	0.113	−0.143	−2.973 **	−0.595
	−1.86	(−0.67)	(−4.45)	(−2.22)
贸易开放度	0.085 0 ***		0.076 3 ***	
	−15.1		−11.94	
每 1 000 平方千米的产出	−0.057 5	0.281	0.774 ***	7.227
	(−0.37)	−0.55	−8.59	−2.17
通货膨胀缺口	−0.022 4	0.24	0.036	0.068 5
	(−0.22)	−1.55	−0.33	−0.61
赤字缺口	0.024 3	0.067 4	0.050 8	−0.247
	−0.31	−0.8	−0.59	(−1.64)
1999 年	0.173	0.193	0.251	−0.397
	−0.51	−0.51	−0.44	(−0.79)
2000 年	−0.533	0.012 1	−1.102	−0.443
	(−1.09)	−0.02	(−1.99)	(−0.39)

固定效应(时间效应聚类)	全部国家	全部国家	(3) 小国	(4) 大国
2001 年	−2.450***	−2.016**	−3.027***	−2.797
	(−5.08)	(−3.68)	(−6.85)	(−2.30)
2002 年	−2.819***	−2.623***	−2.962***	−3.945
	(−7.36)	(−5.61)	(−6.90)	(−3.18)
2003 年	−2.810***	−2.732***	−2.833***	−4.187
	(−6.29)	(−4.61)	(−7.37)	(−3.50)
2004 年	−1.900***	−1.497*	−1.811**	−3.119
	(−4.66)	(−2.47)	(−4.30)	(−2.24)
2005 年	−2.533***	−1.942**	−2.347**	−3.909
	(−6.47)	(−3.54)	(−5.52)	(−2.34)
2006 年	−1.950**	−1.13	−1.759**	−3.097
	(−4.14)	(−1.34)	(−3.71)	(−1.32)
2007 年	−2.223***	−1.222	−1.867**	−3.666
	(−5.31)	(−1.51)	(−4.35)	(−1.57)
2008 年	−3.757***	0	−3.483**	0
	(−7.80)	—	(−5.62)	—
国内需求		0.025 9		0.1
		−0.24		−1.6
常数项	−5.901*	4.442	21.01*	3.613
	(−2.76)	−0.52	−3.23	−0.14
样本数 N	119	108	75	30
组内 R^2	0.765	0.656	0.807	0.952
σ_u	3.675	3.7	10.64	6.441
σ_e	0.698	0.821	0.744	0.332
ρ	0.965	0.953	0.995	0.997

注:括号为 t 统计量, * 表示 p 小于 0.05, ** 表示 p 小于 0.01, *** 表示 p 小于 0.001。

资料来源:欧盟统计局。

表 C.3　欧元区小国 GDP 增长的影响因素(1998—2008 年)

时间效应的估计方法 (误差规范)	GLS 估计 (异质性自相关)	固定效应 (聚类)	固定效应 (自相关)	AB 估计 (自相关)
人口	0.046 4 −0.35	−2.973 ** (−4.45)	−1.453 (−0.81)	−6.784 * (−2.48)
贸易开放度	0.188 −0.19	7.626 *** −11.94	8.376 *** −5.35	3.109 * −2.04
每 1 000 平方千米的 产出	−0.076 6 (−0.57)	0.774 *** −8.59	0.25 −0.45	1.217 −1.75
通货膨胀缺口	0.244 * −2.14	0.036 −0.33	−0.065 8 (−0.41)	−0.593 *** (−3.32)
赤字缺口	0.168 *** −3.54	0.050 8 −0.59	0.078 5 −0.91	−0.049 6 (−0.72)
1999 年	−0.059 9 (−0.52)	0.251 −0.44	4.009 *** −4.97	
2000 年	−0.293 (−1.55)	−1.102 (−1.99)	2.982 *** −4.53	
2001 年	−3.254 *** (−13.32)	−3.027 *** (−6.85)	0.749 −1.27	
2002 年	−3.250 *** (−15.20)	−2.962 *** (−6.90)	0.761 −1.34	
2003 年	−2.759 *** (−14.27)	−2.833 *** (−7.37)	0.82 −1.45	
2004 年	−1.743 *** (−7.47)	−1.811 ** (−4.30)	1.747 ** −3.26	
2005 年	−2.077 *** (−7.93)	1.747 ** (−5.52)	1.169 * −2.48	
2006 年	−0.688 * (−2.54)	−1.759 ** (−3.71)	1.728 *** −4.09	
2007 年	−0.716 * (−2.34)	−1.867 ** (−4.35)	1.577 *** −3.93	
2008 年	−2.441 *** (−6.92)	−3.483 ** (−5.62)	0	
滞后阶的 GDP 增长				0.439 *** −3.31

续表

时间效应的估计方法 （误差规范）	GLS 估计 （异质性自相关）	固定效应 （聚类）	固定效应 （自相关）	AB 估计 （自相关）
2000 年				0.563 −0.84
2001 年				−1.184 （−1.53）
2002 年				−0.457 （−1.43）
2003 年				−0.666 （−1.25）
2004 年				0.438 −0.8
2005 年				−0.137 （−0.50）
2006 年				1.091*** −6.69
2007 年				0.826** −3.16
常数项	3.415* −2.27	21.01* −3.23	4.705 −0.3	56.63** −3.1
N	75	75	68	69
组内 R^2	—	0.807	0.815	H_0:无一阶自相关,$p=0.03$
σ_u	—	10.64	6.544	H_0:无二阶自相关,$p=0.47$
σ_e	—	0.744	0.716	—
ρ	—	0.995	—	—

注:括号内为 t 统计量,对于 AB 估计是 z 统计量。其中 * 表示 p 小于0.05, ** 表示 p 小于 0.01, *** 表示 p 小于 0.001。

资料来源:欧盟统计局。

参考文献

AFONSO, A., AND R. M. SOUSA (2009): "The Macroeconomic Effects of Fiscal Policy," Working Paper Series, European Central Bank.

AGHION, P., AND A. BANERJEE (eds.) (2005): *Volatility and Growth*, Clarendon Lectures in Economics. Oxford University Press, USA.

AGHION, P., AND P. HOWITT (1998): *Endogenous Growth Theory*. MIT Press: Cambridge.

ALESINA, A., AND R. PEROTTI (2010): "Germany Spending is not the Cure," in *Completing the Eurozone Rescue: What More Needs to be Done?*, ed. by D. G. Richard Baldwin, and L. Laeven, chap. 12, pp. 79—82. VoxEU.org.

ALESINA, A., E. SPOLAORE, AND R. WACZIARG (2005): "Trade, Growth and the Size of Countries," in *Handbook of Economic Growth*, ed. by P. Aghion, and S. Durlauf, vol. 1 of *Handbook of Economic Growth*, chap. 23, pp. 1499—1542. Elsevier.

ALTISSIMO, F., P. BENIGNO, AND D. RODRIGUEZ PALENZUELA

(2005): "Long-Run Determinants of Inflation Differentials in a Monetary Union," Cepr discussion papers, C. E. P. R. Discussion Papers.

ALTISSIMO, F., M. EHRMANN, AND F. SMETS (2006): "Inflation persistence and pricesetting behaviour in the euro area: a summary of the IPN evidence," Occasional paper series, European Central Bank.

ANDRES, J., E. ORTEGA, AND J. VALLES (2008): "Competition and inflation differentials in EMU," *Journal of Economic Dynamics and Control*, 32(3), 848—874.

ANGELLONI, I., L. AUCREMANNE, M. EHRMANN, J. GALI, A. LEVIN, AND F. SMETS (2005): "New Evidence on Inflation Persistence and Price Stickiness in the Euro Area: Implications for Macro Modelling," Economics working papers, Department of Economics and Business, Universitat Pompeu Fabra.

ANGELONI, I., L. AUCREMANNE, M. EHRMANN, J. GALI, A. LEVIN, AND F. SMETS (2005): "New Evidence on Inflation Persistence and Price Stickiness in the Euro Area: Implications for Macro Modelling," Economics working papers, Department of Economics and Business, Universitat Pompeu Fabra.

ANGELONI, I., AND M. EHRMANN (2004): "Euro area inflation differentials," Working paper series, European Central Bank.

ANTWEILER, W., AND D. TREFLER (2002): "Increasing Returns and All That: A View from Trade," *American Economic Review*, 92(1), 93—119.

ARMSTRONG, H., AND R. READ (1995): "Western European micro-states and EU autonomous regions: The advantages of size and sovereignty," *World Development*, 23(7), 1229—1245.

ARMSTRONG, H. W., AND R. READ (1998): "Trade and Growth in

Small States: The Impact of Global Trade Liberalisation," *The World Economy*, 21(4), 563—585.

BACKUS, D.K., P.J.KEHOE, AND T.J.KEHOE(1992): "In search of scale effects in trade and growth," *Journal of Economic Theory*, 58(2), 377—409.

BADINGER, H., AND F. BREUSS (2006): "Country Size and the Gains from Trade Bloc Enlargement: an Empirical Assessment for the European Community," *Review of International Economics*, 14(4), 615—631.

BALDWIN, R. E. (2003): "Openness and Growth: What's the Empirical Relationship?," NBER Working Papers 9578, National Bureau of Economic Research, Inc.

BALTAGI, B. H. (2005): *Econometric analysis of panel data*. Wiley, Chichester, 3. edn.

BARBERA, S., AND M. O. JACKSON (2006): "On the Weights of Nations: Assigning Voting Weights in a Heterogeneous Union," *Journal of Political Economy*, 114(2), 317—339.

BARRO, R. J., AND X. S. I MARTIN (2003): *Economic Growth*, *2nd Edition*, vol.1 of *MIT Press Books*. The MIT Press.

BAUM, C. F. (2006): *An Introduction to Modern Econometrics using Stata*, no. imeus in Stata Press books. StataCorp LP.

BEETSMA, R., M. GIULIODORI, AND F. KLAASSEN (2005): "Trade Spillovers of Fiscal Policy in the European Union: A Panel Analysis," Eui-rscas working papers, European University Institute (EUI), Robert Schuman Centre of Advanced Studies(RSCAS).

BENASSY-QUERE, A. (2006): "Short-Term Fiscal Spillovers in a Monetary Union," Working papers, CEPII research center.

BENEDICTA, M. (2008): "Why so much wage restraint in EMU?

The role of country size-Integrating trade theory with monetary policy regime accounts," wp. comunite, Department of Communication, University of Teramo.

BENIGNO, P. (2001): "Price Stability with Imperfect Financial Integration," Cepr discussion papers, C.E.P.R. Discussion Papers.

—— (2004): "Optimal monetary policy in a currency area," *Journal of International Economics*, 63(2), 293—320.

BERGER, H. (2006): "Unfinished business? The ECB reform ahead of euro area enlargement," *CESifo Forum*, 7(4), 35—41.

BLOOM, D.E., D.CANNING, AND J.SEVILLA(2003): *The demographic dividend: a new perspective on the economic consequences of population change/David E. Bloom, David Canning, Jaypee Sevilla.* Rand, Santa Monica, CA:.

BONNAZ, H. (2003): "La disparité des situations des finances publiques dans la zone euro et ses implications sur la conduite de la politique économique," *Diagnostics Prévisions et Analyses économiques*, (4).

BOYER, J. C. (2004): "Grands et petits états: un clivage artificiel?," *Le Monde Diplomatique*, pp.12—13.

BUISAN, A., AND F.RESTOY(2005): "Cross country macroeconomic heterogeneity in EMU," Banco de españa occasional papers, Banco de España.

BURDA, M., AND C.WYPLOSZ(2005): *Macroeconomics: A European Text.* Oxford University Press, USA, 4 edn.

BURDA, M.C., AND S.GERLACH(2010): "A credible Stability and Growth Pact: Raising the bar for budgetary transparency," in *Completing the Eurozone rescue: What more needs to be done?*, ed. by D.G.Richard Baldwin, and L.Laeven, chap.9, pp.65—68. VoxEU.org.

BUTI, M. (ed.)(2003): *Monetary and Fiscal Policies in EMU:*

Interactions and Coordination. Cambridge University Press, Amsterdam.

BUTI, M., AND L. R. PENCH (2004): "Why Do Large Countries Flout the Stability Pact? And What Can Be Done About It?," *Journal of Common Market Studies*, 42(5), 1025—1032.

BUTI, M., W. ROEGER, AND J. I. VELD (2001): "Monetary and Fiscal Policy Interactions under a Stability Pact," Economics working papers, European University Institute.

CALMFORS, L. (1998): "Monetary Union and Precautionary Labour-Market Reform," Seminar Papers 659, Stockholm University, Institute for International Economic Studies.

CANZONERI, M. B., R. E. CUMBY, AND B. T. DIBA (2001): "Is the Price Level Determined by the Needs of Fiscal Solvency?," *American Economic Review*, 91(5), 1221—1238.

—— (2005): "How Do Monetary and Fiscal Policy Interact in the European Monetary Union?," Nber working papers, National Bureau of Economic Research, Inc.

CASELLA, A. (1995): "Large Countries, Small Countries, and the Enlargement of Trade Blocs," Nber working papers, National Bureau of Economic Research, Inc.

CHANG, M. (2006): "Reforming the Stability and Growth Pact: Size and Influence in the EMU Policymaking," *Journal of European Integration*, 28(1), 107—120.

CHRISTIANO, L., M. EICHENBAUM, AND S. REBELO (2009): "When is the government spending multiplier large?," Nber working papers, National Bureau of Economic Research, Inc.

CLARIDA, R., J. GALI, AND M. GERTLER (1999): "The Science of Monetary Policy: A New Keynesian Perspective," *Journal of Economic Literature*, 37(4), 1661—1707.

COCHARD, M. (2008): "Le Commerce Extérieur Français à la Dérive?," *Revue de l'OFCE*, (106), 29—66.

COMMISSION, E. (2010): "Taxation trends in the European Union: 2010 edition," Taxation trends, Directorate General Taxation and Customs Union, European Commission.

COOPER, R., AND H. KEMPF (2004): "Overturning Mundell: Fiscal Policy in a Monetary Union," *Review of Economic Studies*, 71(2), 371—396.

CORSETTI, G., A. MEIER, AND G. J. MÜLLER(2010): "Cross-Border Spillovers from Fiscal Stimulus," *International Journal of Central Banking*, 6(1), 5—37.

CREEL, J., E. LAURENT, AND J. L. CACHEUX(2007): "Politiques et performances macroéconomiques de la zone euro. Institutions, incitations, stratégies," *Revue de l'OFCE*, 0(3), 249—281.

CRUCINI, M. J. (1997): "Country Size and Economic Fluctuations," *Review of International Economics*, 5(2), 204—20.

CWIK, T., AND V. WIELAND (2009): "Keynesian government spending multipliers and spillovers in the euro area," Cepr discussion papers, C.E.P.R. Discussion Papers.

DARRACQ PARES, M., S. ADJEMIAN, AND S. MOYEN (2007): "Optimal monetary policy in an estimated DSGE for the euro area," Working Paper Series 803, European Central Bank.

DE LONG, J.B. (1988): "Productivity Growth, Convergence, and Welfare: Comment," *American Economic Review*, 78(5), 1138—54.

DEMAS, W.G. (1965): *The economics of development in small countries: with special reference to the Caribbean/by William G. Demas.* Published for the Centre by McGill University Press, Montreal.

DHYNE, E., L.J.ALVAREZ, H.L.BIHAN, G.VERONESE, D.DIAS, J. HOFFMANN, N.JONKER, P.LINNEMANN, F.RUMLER, AND J.VILMUNEN (2005): "Price setting in the euro area: some stylized facts from individual consumer price data," Working paper series, European Central Bank.

DIAZ, A. O. (2004): "Assesment of the relationship between Inequality and Economic Growth: A panel Data Approach," Econometric society 2004 latin american meetings, Econometric Society.

DIXIT, A., AND L. LAMBERTINI (2003): "Symbiosis of monetary and fiscal policies in a monetary union," *Journal of International Economics*, 60(2), 235—247.

DOLL, C.N., J.-P. MULLER, AND J.G.MORLEY (2006): "Mapping regional economic activity from night-time light satellite imagery," *Ecological Economics*, 57(1), 75—92.

DRAZEN, A. (2000): *Political Economy in Macroeconomics*. Princeton University Press, Princeton, NJ.

DRUKKER, D.M. (2003): "Testing for serial correlation in linear panel-data models," *Stata Journal*, 3(2), 168—177.

DUBOIS, E., J.HERICOURT, AND V.MIGNON (2007): "Costs and Benefits of Euro Membership: a Counterfactual Analysis," Working papers, CEPII research center.

DURLAUF, S. N., P. A. JOHNSON, AND J. R. TEMPLE (2005): "Growth Econometrics," in *Handbook of Economic Growth*, ed. by P.Aghion, and S.Durlauf, vol.1 of *Handbook of Economic Growth*, chap.8, pp.555—677. Elsevier.

DUVAL, R., AND J.ELMESKOV (2005): "The Effects of EMU on Structural Reforms in Labour and Product Markets," OECD Economics Department Working Papers 438, OECD, Economics Department.

EASTERLY, W., R. ISLAM, AND J. E. STIGLITZ(2000): "Explaining Growth Volatility," Macroeconomic paradigms for less developed countries, The World Bank.

EASTERLY, W., AND A. KRAAY (1999): "Small states, small problems?," Policy research working paper series, The World Bank.

EICHENGREEN, B., AND J. FRIEDEN(1993): "The Political Economy Of European Monetary Unification: An Analytical Introduction," *Economics and Politics*, 5(2), 85—104.

EICHENGREEN, B., R. HAUSMANN, AND U. PANIZZA (2003): "Currency Mismatches, Debt Intolerance and Original Sin: Why They Are Not the Same and Why it Matters," Nber working papers, National Bureau of Economic Research, Inc.

ERCEG, C. J., D. W. HENDERSON, AND A. T. LEVIN (2000): "Optimal monetary policy with staggered wage and price contracts," *Journal of Monetary Economics*, 46(2), 281—313.

FAIA, E., W. LECHTHALER, AND C. MERKL(2010): "Fiscal Multipliers and the Labour Market in the Open Economy," Kiel working papers, Kiel Institute for the World Economy.

FATAS, A., AND I. MIHOV(2009): "Macroeconomic Policy: Does it Matter for Growth," Commission on Growth and Development 48, The World Bank.

FELDMANN, H. (2006): "Government Size and Unemployment: Evidence from Industrial Countries," *Public Choice*, 127(3), 443—459.

FITOUSSI, J.-P. (2006): " Macroeconomic Policies and Institutions," *'Angelo Costa' Lectures Serie*, (Lect. VII).

FITOUSSI, J. P., AND J. LE CACHEUX (2005): "Politiques de croissance en Europe: Un problème d'action collective?," in $L'i\dot{c}\frac{1}{2}tat$

de l'Union européenne 2005, ed. by J.P. Fitoussi, and J.Le Cacheux, chap.3, pp.88—91. Fayard Presses de Sciences Po.

FITOUSSI, J.-P., AND F. SARACENO (2004): " The Brussels-Frankfurt-Washington Consensus. Old and New Tradeoffs in Economics," Documents de travail de l'ofce, Observatoire Francais des Conjonctures Economiques(OFCE).

FRANKEL, J. A., AND K. E. ROCKETT (1988): " International Macroeconomic Policy Coordination When Policymakers Do Not Agree on the True Model," *American Economic Review*, 78 (3), 318—40.

FRIEDMAN, D. (1977): "A Theory of the Size and Shape of Nations," *The Journal of Political Economy*, 85(1), 59—77.

FUJITA, M., AND P. KRUGMAN (2003): "The new economic geography: Past, present and the future," *Economics of Governance*, 83(1), 139—164.

FURCERI, D., AND G.KARRAS(2007):"Country size and business cycle volatility: Scale really matters," *Journal of the Japanese and International Economies*, 21(4), 424—434.

FURCERI, D., AND G.KARRAS(2008a):"Business-cycle synchronization in the EMU," *Applied Economics*, 40(12), 1491—1501.

FURCERI, D., AND G.KARRAS(2008b):"Business cycle volatility and country zize: evidence for a sample of OECD countries," *Economics Bulletin*, 5(3), 1—7.

FURCERI, D., AND M.POPLAWSKI(2008):"Government Consumption Volatility and Country Size," Working papers, CEPII research center.

GALI, J., AND T. MONACELLI (2008): "Optimal monetary and fiscal policy in a currency union," *Journal of International Economics*, 76(1), 116—132.

GALLUP, J. L. , J. D. SACHS, AND A. MELLINGER (1999): "Geography and Economic Development," Cid working papers, Center for International Development at Harvard University.

GIAVAZZI, F. , T. JAPPELLI, AND M. PAGANO (1998): "Searching for Non-Keynesian Effects of Fiscal Policy," Working papers, IGIER (Innocenzo Gasparini Institute for Economic Research), Bocconi University.

GRAUWE, P. D. (2006): "On monetary and political union," *CESifo Forum*, 7(4), 3—10.

HALL, R. E. (2009): "By How Much Does GDP Rise if the Government Buys More Output?," Working Paper 15496, National Bureau of Economic Research.

HNATKOVSKA, V., AND N. LOAYZA (2004): "Volatility and growth," Policy research working paper series, The World Bank.

IMBS, J. (2007): "Growth and volatility," *Journal of Monetary Economics*, 54(7), 1848—1862.

JALAN, B. (1982): "Classification of Economies by Size," in *Problems and Policies in Small Economies*, ed. by B. Jalan, pp.17—38. Commonwealth Secretariat and Croom Helm, London.

JOHNSON, H. G. (1961): "Review: Economic Implication of the Size of Countries," *Economic Development and Cultural Change*, 10(1), 105—108.

JONES, C. I. (1999): "Growth: With or Without Scale Effects?," *American Economic Review*, 89(2), 139—144.

KALDOR, N. (1971): "Conflicts in National Economic Objectives," *Economic Journal*, 81(321), 1—16.

KATZENSTEIN, P. J. (1985): *Small States in World Markets: Industrial Policy in Europe*. Cornell University Press, Ithaca.

KEOHANE, R. O. (1969): "Lilliputians' Dilemmas: Small States in International Politics," *International Organization*, 23(02), 291—310.

KIVIET, J.F. (1995): "On bias, inconsistency, and efficiency of various estimators in dynamic panel data models," *Journal of Econometrics*, 68(1), 53—78.

KOCHER, M.G. (2003): "Does country size really influence public sector size?," Working papers, Faculty of Economics and Statistics, University of Innsbruck.

KRUGMAN, P. (1991): "Increasing Returns and Economic Geography," *Journal of Political Economy*, 99(3), 483—99.

KUMHOF, M., D.MUIR, C.FREEDMAN, S.MURSULA, C.ERCEG, D. FURCERI, R. LALONDE, J. LINDÉ, A. MOUROUGANE, J. ROBERTS, S. SNUDDEN, M. TRABANDT, G. COENEN, D. LAXTON, C. DERESENDE, W. ROEGER, AND J. INTVELD (2010): "Effects of Fiscal Stimulus in Structural Models," Imf working papers, International Monetary Fund.

KUZNETS, S. (1960): "Economic Growth of Small Nations," in Robinson(1960), pp.14—32.

LAURENT, E., AND J.L. CACHEUX (2007): "The Irish Tiger and the German Frog: A Tale of Size and Growth in the Euro Area," Documents de travail de l'ofce, Observatoire Francais des Conjonctures Economiques(OFCE).

—— (2010): "Taille des pays et stratégies de croissance," *Revue de l'OFCE*, 0(1), 171—190.

LAURENT, E., AND J. LE CACHEUX (2006): "Country size and strategic aspects of structural reforms in the EU. NERO meeting, OECD, Paris, June 12, 2006," Open access publications from sciences po, Sciences Po.

LLOYD, P.J. (1968): *International Trade Problems of Small Nations*. Duke University Press, Durham.

LLOYD, P. J., AND R. M. SUNDRUM (1982): "Characteristics of Small Economies," *in Problems and Policies in Small Economies*, ed. by B. Jalan, pp. 17—38. Commonwealth Secretariat and Croom Helm, London.

LUCAS, R. J. (1976): "Econometric policy evaluation: A critique," *Carnegie-Rochester Conference Series on Public Policy*, 1(1), 19—46.

MARTINS M.G.P, W.A. (2004): "When Comparative advantage is not enough: business costs in small remote economies," *World Trade Review*, 3, 347—383.

McKIBBIN, W., AND J. D. SACHS (1988): "Coordination of Monetary and Fiscal Policies in the Industrial Economies," *in International Aspects of Fiscal Policies*, NBER Chapters, pp. 73—120. National Bureau of Economic Research, Inc.

McKIBBIN, W. J., AND J. SACHS (1986): "Coordination of Monetary and Fiscal Policies in the OECD," NBER Working Papers 1800, National Bureau of Economic Research, Inc.

MIHOV, I. (2001): "Monetary policy implementation and transmission in the European Monetary Union," *Economic Policy*, 16(33), 369—406.

MILEWSKI, F. (2004): "La politique économique à l'heure de l'euro," in *La politique économique et ses instruments*, ed. by B. Ferrandon, Les notices de la documentaion française. La Documentation Française, Paris.

MILL, J.S. (1844): *Essays on Some Unsettled Questions of Political Economy*. Longmans, London.

MILNER, C., AND T. WEYMAN-JONES (2003): "Relative National Efficiency and Country Size: Evidence for Developing Countries," *Review of Development Economics*, 7(1), 1—14.

MONACELLI, T., R. PEROTTI, AND A. TRIGARI (2010): "Unemployment Fiscal Multipliers," Cepr discussion papers, Centre for Economic Policy Research.

MOONS, C., H. GARRETSEN, B. VAN AARLE, AND J. FORNERO (2007): "Monetary policy in the New-Keynesian model: An application to the Euro Area," *Journal of Policy Modeling*, 29(6), 879—902.

MOUNTFORD, A., AND H. UHLIG (2009): "What are the effects of fiscal policy shocks?," *Journal of Applied Econometrics*, 24(6), 960—992.

MUNDELL, R. A. (1961): "A Theory of Optimum Currency Areas," *American Economic Review*, 51(4), 657—665.

MYKHAYLOVA, O. (2009): "Welfare implications of country size in a monetary union," Mpra paper, University Library of Munich, Germany.

NAPOLETANO, M., AND J.-L. GAFFARD (2009): "Country Size, Appropriate Policy, and Economic Performance: Some Evidence from OECD Countries," Documents de travail de l'ofce, Observatoire Français des Conjonctures Economiques (OFCE).

NICKELL, S. J. (1981): "Biases in Dynamic Models with Fixed Effects," *Econometrica*, 49(6), 1417—26.

OBSTFELD, M. (2001): "International Macroeconomics: Beyond the Mundell-Fleming Model," Nber working papers, National Bureau of Economic Research, Inc.

OBSTFELD, M., AND K. ROGOFF (1995): "The Mirage of Fixed Exchange Rates," *Journal of Economic Perspectives*, 9(4), 73—96.

OUDIZ, G., AND J. SACHS (1984): " Macroeconomic Policy Coordination among the Industrial Economies," *Brookings Papers on Economic Activity*, 15(1), 1—76.

PAPPA, E., AND V. VASSILATOS(2007): "The unbearable tightness of being in a monetary union: Fiscal restrictions and regional stability," *European Economic Review*, 51(6), 1492—1513.

PERSSON, T. (2001): "Currency unions and trade: how large is the treatment effect?," *Economic Policy*, 16(33), 433—462.

—— (2002): "Do Political Institutions Shape Economic Policy?," *Econometrica*, 70(3), 883—905.

PEYTON YOUNG, H. (1998): "Social norms and economic welfare," *European Economic Review*, 42(3—5), 821—830.

PISANI-FERRY, J., AND A. SAPIR (2006): "Last exit to Lisbon," Policy contributions, Bruegel.

RAMEY, G., AND V. A. RAMEY (1995): "Cross-Country Evidence on the Link between Volatility and Growth," *American Economic Review*, 85(5), 1138—51.

RATTO, M., AND W. ROEGER (2005): "An estimated open-economy model for the Euro area," Computing in economics and finance 2005, Society for Computational Economics.

RATTO, M., W. ROEGER, AND J. INT'VELD(2009): "QUEST III: An estimated open-economy DSGE model of the euro area with fiscal and monetary policy," *Economic Modelling*, 26(1), 222—233.

RAVN, M. O., AND H. UHLIG(2002): "On adjusting the Hodrick-Prescott filter for the frequency of observations," *The Review of Economics and Statistics*, 84(2), 371—375.

ROBINSON, E. A. G. (1960): *Economic consequences of the size of nations: proceedings of a conference held by the International Economic*

Association. Macmillan, London.

RODRIK, D. (1998): "Why Do More Open Economies Have Bigger Governments?," *Journal of Political Economy*, 106(5), 997—1032.

—— (2000): "How Far Will International Economic Integration Go?," *Journal of Economic Perspectives*, 14(1), 177—186.

ROMER, D. (1993): "Openness and Inflation: Theory and Evidence," *The Quarterly Journal of Economics*, 108(4), 869—903.

ROMER, P. M. (1994): "The Origins of Endogenous Growth," *Journal of Economic Perspectives*, 8(1), 3—22.

ROSE, A.K. (2006): "Size really doesn't matter: In search of a national scale effect," *Journal of the Japanese and International Economies*, 20(4), 482—507.

SAINT-PAUL, G. (2004): "Why Are European Countries Diverging in Their Unemployment Experience?," Iza discussion papers, Institute for the Study of Labor(IZA).

SALA-I MARTIN, X. (1994): "Cross-sectional regressions and the empirics of economic growth," *European Economic Review*, 38(3—4), 739—747.

—— (1997): "I Just Ran Two Million Regressions," *American Economic Review*, 87(2), 178—83.

SALVATORE, D. (2001): "Defining country size," in *Small countries in a global economy: new challenges and opportunities*, ed. by D. Salvatore, M. Svetlicic, and J. P. Damijan, pp. xii, 305 p.: Palgrave, Basingstoke.

SANCHEZ, M. (2006): "Implications of country size and trade openness for euro area enlargement," *CESifo Forum*, 7(4), 11—16.

SCHIFF, M. (1996): "Small is beautiful: preferential trade agreements and the impact of country size, market share, efficiency, and trade policy," Policy research working paper series, The World Bank.

SCHMITT-GROHE, S., AND M. URIBE(2003): "Closing small open economy models," *Journal of International Economics*, 61 (1), 163—185.

SIBERT, A., AND A. SUTHERLAND (2000): "Monetary union and labor market reform," *Journal of International Economics*, 51(2), 421—435.

SIMS, C. (1999): "The Precarious Fiscal Foundations of EMU," Dnb staff reports(discontinued), Netherlands Central Bank.

SMETS, F., AND R. WOUTERS (2003): "An Estimated Dynamic Stochastic General Equilibrium Model of the Euro Area," *Journal of the European Economic Association*, 1(5), 1123—1175.

SMITH, A. (1776): *An Inquiry into the Nature and Causes of the Wealth of Nations.* Methuen and Co Ltd., London.

SOLOW, R. M. (1956): "A Contribution to the Theory of Economic Growth," *The Quarterly Journal of Economics*, 70(1), 65—94.

STAAL, K. (2006): "Country size and publicly provided goods," Discussion Papers 187, SFB/TR 15 Governance and the Efficiency of Economic Systems, Free University of Berlin, Humboldt University of Berlin, University of Bonn, University of Mannheim, University of Munich.

SUARDI, M. (2001): "EMU and Asymmetries in the Monetary Policy Transmission," European economy-economic papers, Commission of the EC, Directorate-General for Economic and Financial Affairs(DG ECFIN).

TAMBORINI, R. (2002): "One 'monetary giant' with many 'fiscal dwarfs': The efficiency of macroeconomic stabilization policies in the European Monetary Union," Department of economics working papers, Department of Economics, University of Trento, Italia.

TAYLOR, J. B. (1993): "Discretion versus policy rules in practice," *Carnegie-Rochester Conference Series on Public Policy*, 39(1), 195—214.

THORHALLSSON, B. (2006): "The Size of States in the European Union: Theoretical and Conceptual Perspectives," *Journal of European Integration*, 28(1), 7—31.

THORHALLSSON, B., AND A. WIVEL (2006): "Small States in the European Union: What Do We Know and What Would We Like to Know?," *Cambridge Review of International Affairs*, 19(4), 651—668.

TINBERGEN, J. (1952): *On the Theory of Economic Policy*. North Holland, Amsterdam.

TORSTENSSON, J. (1997): "Country Size and Comparative Advantage: An Empirical Study," Cepr discussion papers, C.E.P.R. Discussion Papers.

UHLIG, H. (2002): "One Money, but Many Fiscal Policies in Europe: What Are the Consequences?," Cepr discussion papers, C.E.P.R. Discussion Papers.

WITTMAN, D. (2000): "The Wealth and Size of Nations," *The Journal of Conflict Resolution*, 44(6), 868—884.

WIVEL, A. (2009): "Economic Adjustment and Political Transformation in Small States-By E. Jones," *Journal of Common Market Studies*, 47, 212—212.

图书在版编目(CIP)数据

国家规模、增长和货币联盟/(法)奥尔法·阿卢伊
尼著；汤凌霄等译.—上海：格致出版社：上海人民
出版社,2020.9
(国家规模和经济增长译丛)
ISBN 978-7-5432-3148-1

Ⅰ.①国… Ⅱ.①奥… ②汤… Ⅲ.①经济增长理论
-研究 Ⅳ.①F061.2

中国版本图书馆 CIP 数据核字(2020)第 165188 号

责任编辑 张宇溪 程 倩
装帧设计 零创意文化

国家规模和经济增长译丛

国家规模、增长和货币联盟

[法]奥尔法·阿卢伊尼 著

汤凌霄 陈 彬 欧阳峣 欧阳曜亚 译

出 版	格致出版社	
	上海人民出版社	
	(200001 上海福建中路 193 号)	
发 行	上海人民出版社发行中心	
印 刷	常熟市新骅印刷有限公司	
开 本	720×1000 1/16	
印 张	13.75	
插 页	4	
字 数	170,000	
版 次	2020 年 9 月第 1 版	
印 次	2020 年 9 月第 1 次印刷	

ISBN 978-7-5432-3148-1/F·1317
定 价 55.00 元